热爱我求学的城市

本书编写组

主　　编	冯骥才
执行副主编	魏新生
总 撰 稿	魏新生
副 主 编	王晓岩
学术顾问	罗澍伟
	甄光俊
	尚　洁
编　　辑	杨　扬
图　　文	王　凤
	吉　德
	吴　迪
	于婷婷
	冯翰宁
	张丽婷

天津 Cultural Map of Tianjin 文化地图

热爱我求学的城市

冯骥才 主编
天津大学冯骥才文学艺术研究院 编制

天津大学出版社

序

热爱你求学的城市

——写给在天津求学的大学生

你在自己城市的大学里读书，还是求学于另一个城市？你对你求学所在的城市了解吗？

上大学期间，是一个人走进社会前的最后一站。这是你人生一个宝贵的时间段。

在这个时间段里，你奋力用知识武装自己，在理想中渐渐确立自己追求的目标。你还在校园里求师问道，幸遇贤达，结识志同道合的学友，欣赏校园的春花秋叶，四季风光，并在自己喜欢的人文活动中显露自己的爱好与性情……但是，你是否跨出校园，去到你这个不曾熟悉的城市里走一走，看一看，问一问。这可是养育出你的大学的土地，你青春年华驻足的地方啊！

比如这里——天津。

你曾经来过这座城市吗？你是否知道它是中国唯一有生日的城市？它是国家的中心城市，首批开放的沿海名城，北方最大的港口，工业重镇、研发基地、交通和物流枢纽。中国历史和当代很多“第一”在这里，中国第一所现代大学就在这里诞生。能够诞生第一所大学的地方，一定是一片神奇的土地。你不想问一问深藏在这块土地里雄厚历史中非凡的秘密？

它又是一个岁久年长、景观特异、文化奇妙、生活丰腴、衣食住行别具一格和市井风情多彩多姿的地方。这里的百姓不仅说话口音独特，还都性情爽快，幽默诙谐，热情好客。你不想走进这城市的生活里去寻访它，了解它，认识它，亲近它，热爱它吗？

了解和亲近你求学的城市，将会大大丰富你大学期间的生活，多一份人生不可或缺的城市阅历和文化阅历，并在你进入社会之前，先打开自己对社会的眼界，增添你对生活的兴趣和情感，甚至产生出一个人最高贵的精神——对社会的责任。

为了帮助你们探访和亲近这座城市，我们学院的教研人员联合相关的学者专家组成团队，从这座城市方方面面知名的公共场所和文化景点中选取精粹，凡二百个，并依此绘成一张“天津文化导览图”，便于你们查找。同时还为你们编写一册“简介”，各处概要，一览即知。这份地图和简介正好放在你们的衣兜或随身的挎包里呢！

带着它——

去亲近和热爱你求学的城市吧！

你求学的城市正热情地等待着你呢！

2021.6

凡例

一、本书与“天津文化导览图”互为一体。图中标明位置，本书介绍内容。

二、本书从天津大量重要的历史名胜、文化场所与特色生活中，遴选精华，分为十个方面，凡二百处。每处都有编号，与导览图上的编号一致，以便查找。

三、本书对所选各处的风貌、特色、看点与价值，做简要的图文介绍，并标明了具体地址。

四、本书还为各处设二维码，可从中查阅有关参观的更多资料。

目录

壹 自然遗珍

1 中上元古界……003
2 蓟州溶洞……004
3 天津市古林古海岸遗迹博物馆…005
4 盘山……006
5 梨木台……008
6 桃柳堤……009
7 海河……010
8 蓟州区地质博物馆……011

贰 人文胜迹

9 独乐寺……014
10 千像寺造像……015
11 宝坻石幢……016
12 白塔……017
13 古佛舍利塔……019
14 金代石狮……020
15 玉皇阁……021
16 吕祖堂……023
17 黄崖关长城……024
18 清真大寺……025
19 大悲禅院……026
20 渔阳鼓楼……027
21 天尊阁……028
22 鲁班庙……029

叁 津门风情

23 天津建城日……032
24 大运河天津段……034
25 三岔河口……035
26 天妃宫遗址……036
27 天后宫……037
28 天后宫广场戏楼……038
29 天后宫妈祖巡游……039
30 西码头百忍京秧歌老会……040
31 挂甲寺庆音法鼓銮驾老会……041
32 天津市民俗博物馆……042
33 古文化街……043
34 天后宫年货市场……044
35 天津老城博物馆……045
36 鼓楼……046
37 鼓楼大钟……048
38 杨柳青年画……049
39 泥人张彩塑……050
40 天津风筝……051
41 中国大戏院……052
42 元升茶楼……053
43 名流茶馆……054
44 谦祥益文苑……055

4 肆 文教精粹

45 文庙……058
46 北洋大学堂旧址……059
47 天津大学……060
48 徐志摩铜像……061
49 南开学校旧址……062
50 原直隶第一女子师范学校主楼…063
51 南开大学……064
52 南开大学思源堂……065
53 耀华中学……066
54 天津图书馆……067
55 天津博物馆……068
56 北疆博物院……069

5 伍 地方风物

57 大沽口炮台……072
58 望海楼教堂……073
59 紫竹林教堂……074
60 聂士成殉难纪念碑……075
61 西开教堂……076
62 石家大院……077
63 石家大院私家戏楼……078
64 安家大院……079
65 广东会馆……080
66 广东会馆公共戏楼……081
67 天津西站原主楼……082
68 李纯祠堂……083
69 李纯祠堂庭院戏楼……084
70 九宣闸……085
71 清户部造币总厂旧址……086
72 顺直水利委员会旧址……087
73 黄海化学工业研究社旧址……088
74 金汤桥……089
75 解放桥……090
76 宁园……092
77 中山公园……093
78 民园广场……094
79 水上公园……096
80 抗震纪念碑……097
81 天塔……098
82 世纪钟……099
83 天津之眼……101
84 汉沽盐业风情游览区……102
85 西井峪历史文化名村……103

6 陆 洋楼风貌

86 解放北路……106
87 利顺德饭店……108
88 解放北园……110
89 原戈登堂遗存……112
90 原华俄道胜银行大楼……113
91 原开滦矿务局大楼……114
92 原中南银行大楼……115
93 原汇丰银行大楼……116
94 原麦加利银行大楼……117
95 原中央银行天津分行大楼……118
96 原横滨正金银行大楼……119
97 原盐业银行……120
98 百福大楼……122
99 原法国公议局大楼……123
100 原中法工商银行大楼……124
101 原安里甘教堂……125
102 利华大楼……126
103 意式风情区……127
104 马可·波罗广场……128
105 带方塔楼住宅……130
106 袁氏旧宅……131
107 易兆云旧居……132
108 孟氏家庙……133
109 五大道……134
110 刘冠雄旧居……136
111 汤玉麟旧宅……137
112 庆王府……138
113 孙氏旧居……139
114 原天津工商学院主楼……140
115 原英国乡谊俱乐部主楼……141
116 香港大楼……142
117 中心公园……143
118 章瑞庭旧宅……144
119 国民饭店……145
120 劝业场商业街区……146
121 劝业场……147
122 交通饭店……148
123 渤海大楼……149

7 柒 名人居所

124 孙中山北上在津期间居住地……152
125 李叔同故居纪念馆………………153
126 霍元甲纪念馆……………………154
127 饮冰室……………………………155
128 曹禺故居…………………………156
129 吉鸿昌旧居………………………157
130 张自忠旧居………………………158
131 张学良旧宅………………………159
132 顾维钧旧居………………………160
133 周叔弢旧居………………………161
134 马占山旧居………………………162
135 马连良旧居………………………163
136 静园………………………………164
137 张伯苓旧居………………………165
138 严修旧宅…………………………166
139 华世奎旧居………………………167

8 捌 红色记忆

140 觉悟社旧址………………………170
141 周恩来邓颖超纪念馆……………171
142 张太雷烈士纪念室………………172
143 天津“一二·九”抗日救亡运动纪念馆………………173
144 中共中央北方局旧址纪念馆……174
145 于方舟烈士纪念馆………………175
146 盘山抗日根据地遗址……………176
147 平津战役天津前线指挥部………177
148 平津战役纪念馆…………………178
149 杨连弟烈士纪念馆………………179

9

玖 艺博场馆

150 天津电力科技博物馆……182
151 天津邮政博物馆……183
152 三条石历史博物馆……184
153 国家海洋博物馆……185
154 天津美术馆……186
155 天津市规划展览馆……187
156 天津自然博物馆……188
157 天津科学技术馆……189
158 天津金融博物馆……190
159 天津市体育博物馆……191
160 萨马兰奇纪念馆……192
161 天津建筑工法展览馆……193
162 天津华明机床博物馆……194
163 海鸥表博物馆……195
164 达仁堂国药文化展览馆……196
165 华夏鞋文化博物馆……197
166 瓷房子……198
167 宝成博物苑……199
168 天津滨海文化中心……200
169 滨海新区博物馆……202
170 武清博物馆……203
171 杨柳青民俗文化馆……204
172 天津大剧院……205
173 天津音乐厅……206
174 光明电影院……208
175 天津图书大厦……209

10

拾 多彩生活

176 过大年……212
177 葛沽宝辇会……213
178 杨柳青正月十五灯会……214
179 狗不理包子……215
180 耳朵眼炸糕……216
181 十八街麻花……217
182 煎饼馃子……218
183 嘎巴菜……219
184 南市食品街……220
185 起士林餐厅……221
186 正兴德茶庄……222
187 桂顺斋……223
188 南开大悦城……224
189 沈阳道古物市场……226
190 大神堂村……227
191 潮白河国家湿地公园……228
192 东疆湾沙滩……230
193 热带植物观光园……231
194 海昌极地海洋公园……232
195 蓟州国际滑雪旅游度假中心……233
196 天津泰达航母主题公园……234
197 天津欢乐谷……235
198 天津方特欢乐世界……236
199 天山海世界·米立方……237
200 空客 A320 系列飞机天津总装线…238

壹

自然遗珍

1

中上元古界

18亿岁地层剖面首屈一指

地址：天津市蓟州区下营镇营树路

在地球已有的46亿年经历中，形成于距今18亿年至8亿年的地层，被称为“中上元古界”。

蓟州区中上元古界，是全球三处中上元古界地层剖面之一（另两处分别在俄罗斯和美国），全长24千米，平均宽350米，总厚度9197米，因岩层齐全、出露连续、顶部清楚、构造简单、质变轻微和古生物化石丰富等特点，而首屈一指。

这个地层剖面，犹如一部袒露于大地上的“万卷史书”，讲述了10亿年间，蓟州地区是如何下降成为海洋，此后又露出海面，成了如今的样子的；记载了远古时期生命产生、进化和演变的过程；贮存着有关地理、生物等方面的极其珍贵的自然科学信息，被誉为世所罕见而有价值的地质瑰宝。

这里现为我国第一个国家级地质类自然保护区，也是国家级地质公园。

2

蓟州溶洞

亿万年凝结出 洞天福地

地址：天津市蓟州区罗庄子镇
洪水庄村北灵气山下

蓟州溶洞地处燕山余脉，北与北京平谷金海湖相接，西与盘山隔山相望，东与黄崖关长城一线相连。

蓟州溶洞属距今18亿年前形成的中上元古界地层。经勘探测算，可开发空间达百万平方米，面积之大居华北地区之首。溶洞目前已开发面积为3万平方米，长1500米，是天津唯一的洞穴奇观。

蓟州溶洞为白云岩构造裂隙性洞穴，这在北方乃至全国都较为罕见。现有完善的景观40余处，已是大中型溶洞规模。洞内钟乳石温润如玉，千姿百态，令人目不暇接；这里的石花称得上北方最漂亮的石花，还有堪称一绝的鱼鳞瀑，都令人叹为观止。

蓟州溶洞常年恒温（18摄氏度），冬暖夏凉。流连于此，感受其亿万年岁月凝结出的魅力，如入洞天福地。

3 天津市古林古海岸遗迹博物馆

呈现天津海陆沧桑巨变

地址：天津市滨海新区津歧公路东

天津有古海岸与湿地国家级自然保护区，其主要保护对象为贝壳堤、牡蛎礁构成的古海岸遗迹和七里海湿地自然环境及其生态系统。它是我国迄今为止唯一的以保护古海岸遗迹为主要目的的国家级自然保护区，也是国内外罕见的三种不同类型地质共存于一个行政区划内的特例。

为了让更多的人了解天津地区海陆变迁沧海桑田的过程，于贝壳堤层次分明、出露清晰、规模宏大、连续性好、具有典型性的上古林贝壳堤，建立了“天津市古林古海岸遗迹博物馆”。

馆内的地下开挖出的一个垂直于贝壳堤的剖面，可直接看到贝壳堤的内部结构。在全球数十处贝壳堤中，渤海湾贝壳堤的时间跨度长、分布范围广，是记录海陆“沧桑巨变”的重要地质遗迹。在这里还可以看到迄今为止所发现的距现代海岸线最近的战国至西汉时期的人文遗迹。

4 盘山

三盘暮雨各有其胜

地址：天津市蓟州区官庄镇莲花岭村

盘山是著名的津门十景之一，有“三盘暮雨”的美称。

盘山雄伟险峻，古人将其分为上、中、下三盘，各有其胜：上盘松树奇，松多生长于岩石缝隙之中，有“黄山松不若盘山松”之说；中盘岩石怪，不可言状之奇石漫山遍野，更以天井石、摇动石、悬空石等八大怪石海内称奇；“下盘流泉冷，十里闻澎湃”，夏秋雨水充沛，百泉奔涌，瀑布腾空，流泉响涧，蔚为壮观。

盘山景色四季各异。春夏之交，山花烂漫，桃杏争艳；夏天雨后，层峦染碧，万壑堆青；秋尽冬初，百果飘香，红叶遍

山；严冬腊月，白雪皑皑，苍松点翠。

盘山还有保存完好的题字、题文、题诗石刻 224 处，其中乾隆皇帝的最多。大型古装表演也会再现乾隆皇帝当年游山的盛况。

5 梨木台

流泉登天缝
群峰竞秀林

地址：天津市蓟州区下营镇船舱峪村北梨木台风景区

梨木台自然风景区集奇峰、秀水、怪石、幽林、雄关、古长城于一体，是蓟州区国家地质公园的重要组成部分。

景区内满目青山，峰峦叠翠，生长着热带、亚热带、暖温带、温带、寒带等区域的植物100多科600多种，藤本植物穿插攀缘于森林之中，一派南方热带雨林景观。400多种野生动物在茂密的森林之中栖息、繁衍，其中还有北冰洋的北鳅鱼和热带亚热带的蓝尾石龙子等。

这里是国家地质公园石英岩峰林峡谷景区，有距今35亿年至26亿年的太古界岩石，主峰梨木台山997米，登天缝、五指山、万卷天书、峰林岩画岭等地质景观令人称奇。涓流不息的泉水，夏秋季节会形成“黄砬瀑布”“三潭映月”“仙女浴池”“姊妹十八潭”等山水景观。

1400年前修筑在石英岩峰脊上的北齐长城，是这里的另一道风景线，5600米长的墙体全部为毛石垒砌，自然古朴。

6 桃柳堤

春观桃花柳相伴

地址：天津市红桥区北运河南岸桃花园、桃诗园、北洋园

坐落于北运河畔的桃柳堤，元代已烟树葱茏，明清成沽上赏春观桃花的好去处。骚人墨客时有雅集，咏桃妙句频出不辍。清康熙皇帝南巡返京经此，惊叹桃花美景，赋词《点绛唇》；乾隆皇帝再次巡幸，又停舟登临，赋有《西沽二首》，并为其赐名“桃柳堤”。1903 年（清光绪二十九年）北洋大学堂迁建于此，翩翩学子纵意笔端，墨香不让花香。后因战乱频仍，长堤几近荒芜。

1984 年，再度兴建桃花园，建牌楼、阁亭、廊榭、山石、喷泉，植山桃、碧桃、寿星桃、垂枝桃等 30 余个品种 800 余株，恢复了西沽“春观桃花”的名胜景观。1991 年，续建“御码头”“乾隆皇帝登临处”等，桃花亭中竖“桃柳堤题记”碑。2001 年，修建北洋园，纪念北洋大学发展历程。2010 年，桃花园、桃诗园、北洋园三园合一，这里成为全长 1350 米以观赏桃花为主的带状公园。

7 海河

两岸画相对
一河俱灯影

海河，是天津的母亲河。自古以来，海河是众流归海之处，三岔河口是它奔流入海的起点。

海河孕育了天津的文明，见证了天津的变迁和发展。昔日海河两岸曾出现过拉船的纤夫、背压重物的脚夫和伫立在兵舰炮台上的殖民者的身影。当天津回到人民手中，海河有了崭新的画面，近些年更变得瑰丽多姿。

市区海河两岸几十千米的带状公园，是镶在大河两边的锦绣花边；原有和新建的各式桥梁，是环绕它的五色彩箍；风情各异的园林，相连相望；“叠水瀑布”“百龙戏水”是风景线上的一个个兴奋点。

不论是白天还是夜晚，你乘船游览，两岸景色像是变幻无穷、流动不止的画卷。真可谓：三季花不息，四时有佳景，两岸画相对，一河俱灯影。

8 蓟州区地质博物馆

感知亿万年地质演化

地址：天津市蓟州区府君山公园内

蓟州区地质博物馆 2009 年建成。曲状的建筑外形和弯曲的大台阶用片石砌成，好似古代生物在地球上留下的难以磨灭的痕迹，能让人感受到历史的流逝和变化。

馆内设地质馆和历史馆两个展馆。

地质馆的几个展厅，系统展示了地球在 46 亿年演化历程中，在蓟州留下的印痕和自然遗产，这也代表了天津地区乃至中国北方的地质历史、事件和演化过程。其中，地球厅介绍了太阳系和地球的相关知识；蓟州国家地质公园厅展示了中上元古界、盘山、九山顶等八大景区地质构造遗迹；蓟县剖面厅从微观到宏观，介绍了剖面岩石地层的特征及其极高的科学和观赏价值；化石厅通过古生物和鱼类化石介绍了地球诞生以来，生命的出现、繁盛、演化与灭绝。此外，还有矿物岩石厅和奇石厅。

历史馆展示了天津 7000 年的人类文明史和蓟州考古的新发现。

8

贰

人文胜迹

9 独乐寺

我国最古老的木结构楼阁

地址：天津市蓟州区武定街 41 号

独乐寺，其中的观音阁是我国已发现的最古老的并颇具代表性的木结构楼阁，为罕有国宝。主体建筑山门和观音阁重建于 984 年（辽统和二年），寺内建筑、塑像、壁画荟萃一堂。为 1961 年国务院公布的第一批全国重点文物保护单位。

独乐寺集庑殿顶、鸱吻、斜拱、圈梁、斗八藻井等 9 项古建最早实例，实为罕见。16 米高颇具唐风的十一面观音像，是我国现存最大泥塑之一，其双弧圈披帛，轻帛当风，巧妙地为高大塑像增加支撑。观音阁壁画于 1972 年在墙体上安装灭火器时，震落表层灰皮后方惊现于世，其“以密托疏，以繁托简”的艺术特征，为我国古代壁画所少见。

1990 年，千年独乐寺大修创“落架不落地”模式，保持了文物的原真性和完整性，整旧如故，被有关专家评价为古建修缮的模范工程，达到了“庄严依旧，风韵长存”的艺术境地。

10 千像寺造像

浑圆巨石线刻佛像实罕见

地址：天津市蓟州区盘山风景区内

千像寺，又名祐唐寺，唐开元年间始建，辽、清几次重修。寺依山势修建，原有三进院落，可惜毁于战火，现仅存条石台基。寺北山岩有一刻“无量寿佛”四字的石洞，洞内北壁凿无量寿佛一尊，是天津市仅有的两座石窟之一。

寺前有1118年（辽天庆八年）的石幢幢身和三通石碑，其中建于987年（辽统和五年）的“盘山千像祐唐寺创建讲堂碑”为天津市年代最早的寺碑，是鉴定古碑的典型标本。碑文详细描述了在寺之左近刊刻千佛造像的来龙去脉，其他内容也有很高的历史价值，碑文书法是辽代艺术珍品。

千像寺周围已发现分布于124处巨石和岩壁上的线刻佛像535尊，多为立像和坐像，造型饱满雄厚，线条简洁遒劲，颇具唐代造像风格。因地制宜，利用山野单块浑圆巨石线刻佛像，尚属罕见。

现为全国重点文物保护单位。

11 宝坻石幢

五次遭劫难失而复得

地址：天津市宝坻区十字街中心

石幢是我国古代的宗教石刻，原为立于佛前的幢杆，后多为佛教信士建造于通衢、寺院、墓旁。

雕刻精美、造型奇特的宝坻石幢，通高 11.4 米，幢座方形，幢身由八面体石柱和宝盖组成，幢顶作莲台，顶置如意宝珠。“石幢金顶”为宝坻八景之一。

石幢在“文革”中被拆毁并丢失，1988 年重建时发动群众，找到主要构件和散碎石件 40 余块，经细心粘补，修复如故。此次重建挖出了早年的四方幢座，上面有浮雕佛传故事 28 幅，是艺术珍品。从三级幢身的《重修石幢记》中得知，此幢是辽圣宗开泰年间（1012—1021 年）为齐天皇后和圣宗之弟的寿诞特建。

石幢于辽、明、清历经四次地震，震损后四次重建，清光绪年重修时少了一级，却依然优美。

白塔，旧称渔阳郡塔，因通体白色，俗称白塔，1058年（辽清宁四年）修建，明嘉靖年间在塔前修建观音寺，故此塔又称观音寺塔。

白塔通高30.6米。底座和塔身为八角形，须弥座、塔身和两层出檐，是中国亭式塔式样；上部的台座和圆形覆钵为覆钵式塔式样，类似印度的一种佛塔造型。这种组合形式，为我国古塔造型奇特之一例。

白塔砖雕内容丰富，最珍贵的是塔座壶门舞乐伎砖雕，8面共24组。舞伎高髻长裙，手持彩带，翩翩起舞。乐伎手持琵琶、筝、笙、拍板、笛、方响、毛员鼓等乐器，神情专注，齐心演奏。壶门两侧侍立供养人，手托果盘鲜花等贡品，构成一幅壮观的礼佛场景。

1983年，白塔大修时，发现塔中塔。塔内天宫出土舍利石函一方和鎏金佛、玉佛、琥珀佛、水晶龟、小木塔和经卷等珍贵文物一百多件。

现为全国重点文物保护单位。

12 白塔

造型奇特　砖雕丰富

地址：天津市蓟州区白塔寺街8号

13 古佛舍利塔

十三层玲珑宝塔响风铃

地址：天津市蓟州区盘山莲花岭北翠屏山
下天成寺大殿西侧

津城流行一段鼓曲：“玲珑塔，塔玲珑，玲珑宝塔十三层。”这样的宝塔，蓟州区就有一座——盘山天成寺大殿西侧的古佛舍利塔，又称天成寺舍利塔，辽天庆年间（1111—1120年）建。相传塔内藏神龙亲奉舍利三万余颗，明崇祯年间重建时，曾出土石函、舍利和佛像。

舍利塔建在石砌台基上。台基下层正方，上层八角形。台基上砌仰莲三层，承托八角亭式塔身。塔南面开门，由此门可进入塔室。

舍利塔通高22.63米，13层密檐的每层檐角均悬挂铜铎（风铃），檐缘略呈弧形，出檐逐层收至塔顶；塔的造型简洁，玲珑秀丽，通体饰淡黄色，与四外山水交相辉映，诚一优美之画卷也。

14 金代石狮

瑞兽千年守吉祥

地址：天津市河北区中山北路 23 号
北宁公园致远塔前

狮子原本生活在非洲、西亚和南亚，汉武帝派张骞出使西域，狮子亦随之传入我国。东汉以来，由于佛教的广泛传播，狮子被视作辟邪纳吉的瑞兽，成为我国石雕艺术的主要题材之一。

北宁公园致远塔前有一对不可多得的金代石狮，雕刻于 1197 年（金承安二年），原在河北省内丘县古城村普利院。民国年间，内丘县公署将其捐赠给河北第一博物馆（原址在北宁公园内）陈列。石狮昂首，前肢伸直，后腿盘曲，挺胸收腹，造型清秀，挺拔有力，为我国古代石狮佳作。

天津现存造型较好的石狮还有四对：一在天后宫；二在李纯祠堂，传为从北京明太监魏忠贤墓前移来；三在蓟州区独乐寺内，由蓟州区马伸桥和珅墓前移来；四在天津市自来水公司，原为水西庄石狮。

14

15 玉皇阁

重阳登高“直在云霄上”

地址：天津市南开区古文化街北口

玉皇阁，濒临三岔河口，此处地势较高，疏朗开阔，是古代天津理想的九九重阳登高之地。清代诗人鲁之裕咏道：“直在云霄上，蓬瀛望可通，万帆风汇舞，一镜水涵空。”

玉皇阁始建于 1427 年（明宣德二年），为天津年代最早、规模最大的道教建筑群，原有旗杆、牌楼、山门、前殿、清虚阁、三清殿、钟鼓楼和配殿等。

清末民初废庙兴学，玉皇阁被改建为小学，前殿等被拆毁，现仅存清虚阁。2004 年秋，玉皇阁完成全揭瓦大修；同时，在“文革”中丢失的明代玉皇大帝铜像被“请”回阁内。

在古代，玉皇阁有“祭星”“攒斗”两大民俗活动。正月初八，即相传的玉皇大帝诞辰的前一天，善男信女来祭星求顺。九月初九，信士们为相传是北斗众星之母的斗姆元君进香上寿，将香束攒成圆锥形香塔，昼夜焚之，香飘数里。

吕祖堂
出口
入口
小心
小心

16 吕祖堂

义和团反侵略战斗大本营

地址：天津市红桥区芥园道与日月路交叉口

吕祖堂，1433年（明宣德八年）始建，清代曾四次重修，明、清时期天津著名道观，为我国唯一保存完好的义和团重要坛口。

1900年（清光绪二十六年）初，反侵略的群众组织义和团传入天津，乾字团首领曹福田率静海、盐山等地数千团民抵津，在吕祖堂设总坛口。数月后，天津城厢内外已有坛口300处，团民已有4万多人，他们很快控制了天津城。吕祖堂成为天津义和团大本营。坎字团首领张德成、红灯照首领黄莲圣母等经常来此拜坛，共商对敌斗争大计。

六月初一，曹福田在此向八国联军发出义正词严的战书。这里成为紫竹林战斗、老龙头争夺战和整个天津保卫战的指挥部。大殿前月台和院落曾是团民练拳习武的地方。

1985年，吕祖堂辟建义和团纪念馆。现为全国重点文物保护单位。

17 黄崖关长城

万里长城线上十分难得

地址：天津市蓟州区下营镇黄崖关村

黄崖关长城在蓟州区以北的崇山峻岭之中，是世界文化遗产，国家首批4A级景区。黄崖关长城全长42千米，是万里长城的一部分。

黄崖关长城始建于556年（北齐天宝七年）。明代，名将戚继光主持，将早年用土或毛石砌筑的长城进行包砖大修。这里既有关城，又有水关，有山有水，山清水秀，在万里长城线上十分难得。

黄崖关长城称得上是明代长城集大成之作，荟萃了水陆关隘、寨堡、城墙、楼台等多种防御工事，构成楼台相连、烽火相望、层层布防、设施完备的防御工程体系。城墙有砖墙、石墙、拦马墙、羊马圈墙、山险墙等五种式样；楼台有墙台、敌台、敌楼、烽火台等四种类型，其中圆形敌楼“凤凰楼”，更为外地所罕见。

关城内有丁头错位、扑朔迷离的“八卦街”，辟有全国首家长城博物馆以及长城碑林、竹刻名联堂等。

18 清真大寺

中国清真寺古建筑模式范例

地址：天津市红桥区大丰路 23 号

天津清真大寺始建于 1644 年（清顺治元年），初建时建筑规模较小，后经康熙、嘉庆及同治年间不断增建，已近于现在的规模。

清真大寺以皇家古建筑风貌、建筑装饰之美，以及遗存的百余幅匾额楹联之深邃，构成显著的特点。清真大寺的总体布局，彰显了皇家古建筑群协调与统一的建筑美。在古建筑装饰艺术上，它把中国传统文化和伊斯兰文化有机结合，创造出具有伊斯兰特色的中国宗教建筑，并成为中国清真寺古建筑模式的施建范例。

清真大寺庭院四周的屋檐下，抱厦、大殿里外，朱漆明柱上，挂满了贴饰金箔的匾额楹联。匾联内容丰富、书法各异，流派纷呈，已有二三百年的历史。寺内一些砖雕为“刻砖刘”的作品。

19 大悲禅院

玄奘灵骨由此恭送印度

地址：天津市河北区天纬路40号

大悲禅院，由好施乐行善的名僧世高募化、天津守备曹斌捐资，在当年“芦花野水的窑洼”兴建。1669年（清康熙八年）建山门、前殿、后殿和东西配殿，史称旧庙。世高任住持期间，还同津门名士在大悲院结“草堂诗社”，这是天津最早的民间文化社团。他们诗文唱和，接待南北文人。

光绪年间，寺东院、北院设立宝津铸钱厂、北洋铁工厂和造币厂。1940年迁走东院工厂，新建天王殿、大雄宝殿和大悲殿，称为新庙。

大悲禅院还以供奉过唐僧玄奘灵骨而闻名于世。玄奘曾历尽千辛万苦西行取经。他圆寂后灵骨原葬于西安，后经多次异地供奉。1945年，大悲院也迎来玄奘部分灵骨，供奉于佛堂。后应印度政府恳请，周恩来总理征得各方同意，于1957年1月玄奘灵骨被送达其一千多年前取经讲学的那烂陀寺供奉，为中印友好往来的一段佳话。

20 渔阳鼓楼

六百余年数次重修

地址：天津市蓟州区城关镇十字街鼓楼广场北侧

渔阳鼓楼始建于1371年（明洪武四年），原本有钟、鼓二楼，1459年（明天顺三年）守备刘辅将其并为一楼，1506年（明正德元年）、1549年（明嘉靖二十八年）曾有过两次重修。

明末，鼓楼在清军第二次屠城时被烧毁。清顺治年间，蓟州牧黄家栋修复了鼓楼。1679年（清康熙十八年）大地震中，鼓楼又被震塌。1694年（康熙三十三年）知州张朝琮重建鼓楼，并题“古渔阳”“畿东锁钥”二匾悬于鼓楼前后。1746年（清乾隆十一年）鼓楼又毁于一场大火。1836年（清道光十六年），知州华浚重修鼓楼，重题“古渔阳”“畿东锁钥”二匾。

鼓楼矗立在蓟州城中心十字街北口的墙门洞之上，是天津地区仅存的一座钟鼓楼古建筑。其基座为砖筑长方形城台，鼓楼在城台之上，古朴典雅，衬托出蓟州古城特色。登上鼓楼，蓟州风光尽在眼底。

21 天尊阁

“抗震模范”屹立不倒

地址：天津市宁河区丰台镇南村（丰李线东侧）

天尊阁在宁河区丰台镇，距唐山市 45 千米、丰南区 35 千米。1976 年唐山大地震，附近民房倒塌很多，天尊阁安然无恙，是我国古代木结构建筑抗震的重要实例。

天尊阁为道教建筑，据说建于清康熙年间，1858 年（清咸丰八年）重修。阁建造在高大的台基之上，分上、中、下三层，通高 17.4 米。

天尊阁为何具有良好的抗震性能？一是阁内长 12 米的 8 根通柱，纵贯两层楼板，直达阁顶梁下，通柱外又辅以檐柱、廊柱和山柱，与横向梁枋、龙骨构成一套完整的木框架；二是外槽柱和外墙的纵横方向，从上到下层层递减，使整个建筑下大上小，重心降低，稳定性增加；三是在外檐柱、檩、枋之间，以三种斗拱榫卯相接，使横梁与立柱之间的剪切力递减。据说建造此阁时地下打入很多柏木桩，地基牢固也是抗震的主要原因。

现为全国重点文物保护单位。

古瓷有官窑、民窑之说，古建筑也有官式和民间做法之别，鲁班庙就是典型的官式建筑。

鲁班庙又称公输子庙，据庙内1877年（清光绪三年）《重修公输子庙碑记》载，该庙重修是由修建东陵的专业官式建筑工匠完成的。

鲁班是史书记载的最早的能工巧匠和创造发明家，一直被民间尊奉为土木工匠的祖师。各地祭拜他，多在建筑一隅设祠堂，蓟州区为他专修庙宇，全国少见。

鲁班庙布局严谨，工精料实。大殿木柱为铁糙木，其比水重、似铁硬，本地不出产，可能为皇家用料；木框架中用了民房不能使用的斗拱；殿顶采用歇山顶绿琉璃瓦，这样做是在尽量提高建筑的规格等级，但又不大破格，可谓匠心独具。

近些年来，台湾的工匠也纷纷组团专程进庙拜谒鲁班祖师。

22 鲁班庙

民间祖师享官式建筑尊奉

地址：天津市蓟州区城关镇府后街1号

十八街麻花店

叁

津门风情

23 天津建城日

中国唯一有生日的城市

地址：天津市南开区鼓楼东街与鼓楼北街交叉口（天津鼓楼）

天津是有“生日”的城市。

1400 年（明建文二年），在“靖难之役”中，朱元璋之子燕王朱棣从北京率军南下，从直沽北码头（今北大关处）渡过南运河，攻破沧州，不久即攻陷南京，夺取侄子惠帝的皇位，改元永乐。1404 年 12 月 23 日（明永乐二年十一月二十一日），其将直沽改名“天津”，意为“天子经过的渡口”，并建城设卫。

由此，天津成为我国唯一在史料中可以查到明确建立时间的城市。

天津设卫筑城六百年之际，冯骥才特意为《六百岁的天津》一书作序。序文中说：“我们在城市的怀抱出生长大。城市是我们的母亲。如今我们的母亲六百岁了。这意味着什么，我们要为她做些什么？”冯骥才提议，把 12 月 23 日作为“天津建城日”，天津市政府予以采纳，定于 2020 年起，在每年的这一天举办相关活动，为城市母亲庆生。

24 大运河天津段

天津生长的摇篮

全长 1794 千米的大运河是世界文化遗产，在天津境内南起静海区靳官屯九宣闸，北至武清区木厂闸，流经我市 7 个区，长 174 千米。

天津是沿运河而立而兴的。金在漕运咽喉三岔河口驻兵。明初朱棣在今北大关处渡运河攻入南京夺得皇位后，为纪念“天子津渡之地”赐名“天津”，在此设卫筑城。

天津境内沿运河兴建的城镇有唐官屯、陈官屯、东双塘、静海、独流、杨柳青、天穆、北仓、双街、杨村、下伍旗、河西务等。河西务曾是元、明、清三代的京畿重镇。

运河天津段沿岸可称是一条绚丽多彩的文化廊道。如今尚存的古建还有杨柳青的文昌阁、石家大院和武清区的慈航禅林。津门园林之冠水西庄也留存下一对石狮子和两幅水墨山水画。运河上的九宣闸和筐儿港坝，百多年来在控制运河流量及供水、防洪等方面也一直发挥着重大作用。

24

三岔河口，北运河、南运河和海河的汇合处。它原本在望海楼前，后因海河“裁弯取直”河流改道，才移到了现在的位置。

三岔河口，被称作天津的发祥地。

金迁都北京，因运送漕粮的永济渠常淤塞，于是引永济渠流至三岔河口，经潞水达通州，是为今日的南、北运河。金又在三岔河口南岸设直沽寨，驻守重兵。直沽为天津建城之前的称谓。

元代大规模海运漕粮，海船在直沽改装成河船经北运河抵京。直沽成为河、海漕运枢纽，呈现“晓日三岔口，连樯集万艘”的繁荣景象，这里已是京畿门户。此后，各朝均建都北京，天津以其优势，政治、经济、文化随之急速发展。

由邓小平题字的“引滦入津工程纪念碑”，是 1983 年立于三岔河口岸边的。当时全国支援，历艰克险，引来滦河甜水，结束了天津人民由于海潮倒灌和水源短缺而喝苦咸水的状况。“引滦入津，造福人民。滦水滔滔，千秋永志。”

25

25 三岔河口

天津的发祥地

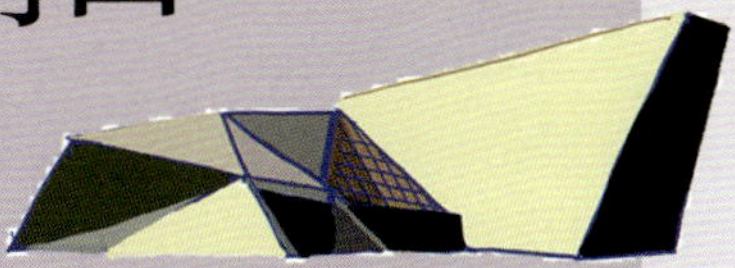

地址：天津市红桥区子牙河南路 2 号天津市少年宫东南侧引滦入津工程纪念碑周边

26 天妃宫遗址

天津城市原生点

地址：天津市河东区大直沽中路 51 号

1998 年 11 月至 1999 年 1 月，天津市考古部门发掘出天妃宫明清大殿基址和元代建筑基址，出土了大量金、元、明、清各时期的建筑构件和生活用品，并探明天妃宫遗址为天津市内文化堆积最厚的遗存，反映了金元以来天津城市历史文化演变发展的脉络，是研究天津古代历史、文化、艺术、科学极其重要的物质资料。

经国家文物局考古专家组论证，大直沽被认定为天津市城市的原生点，在此设立了目前国内唯一一座妈祖文化遗址博物馆——元明清天妃宫遗址博物馆。

馆内“风正帆悬过直沽”大型主题展览，分设“考古天妃宫”“天妃与天津”两个展厅，同时展出当年考古发掘出的张湾二号明代沉船等 300 余件文物。

现为全国重点文物保护单位。

27 天后宫

“先有天后宫　后有天津卫”

地址：天津市南开区古文化街 80 号

天后宫，南方称妈祖庙，天津人叫娘娘宫，是全国现存最古老的三大妈祖庙之一，始建于元至元年间（1281—1294 年），1326 年（元泰定三年）重新敕建。1404 年（明永乐二年）天津设卫筑城，卫城就在迤西百米之地，故民间有“先有天后宫，后有天津卫”之说。

天后娘娘本是一位从外地传入津门的海神，却很快成为人们所景仰的福佑三津的保护神，在其影响下形成了天津浓郁的民俗风情。

天后宫正殿于 1445 年（明正统十年）重修，是古代瓦顶等级较高的庙宇，具有很高的文物价值。这里八层楼高的两幡杆由船桅演变而来，以往逢初一、十五和庙会，天后圣母旗幡于此悬于空中，夜晚则换上 24 盏大红灯笼，壮观异常。

自 2001 年始，津城隔年举办“妈祖文化旅游节”，已成为在海内外颇有影响力的妈祖文化盛会。

现为全国重点文物保护单位。

28 天后宫广场戏楼

乐奏钧天　百姓欢娱

地址：天津市南开区古文化街

天后宫戏楼，为天津市年代最早的广场戏楼，元代始建，1985 年重建。元、明时期，戏楼四周是广场，地势开阔。后来戏楼的南、北、东三面加盖了许多店铺和民房，形成宫南、宫北和宫前街，戏楼改为过街楼式。

戏楼面向大殿，高矮尺寸正好让大殿里的天后娘娘看得见。台口两边是明柱，柱间设矮栏杆。窗额悬挂黄底绿字“乐奏钧天”横匾。北侧上场门匾书“扬风”，南侧下场门额题“扢雅”。

天后宫戏楼旧时演出长年不断。每当海船出海、返航或外地船只进港平安无事，人们都要庆贺一番，名为酬谢娘娘，实为船工和百姓自娱、娱人。旧时每年三月二十三日天后娘娘生日那天，演《八仙庆寿》时，许多拴着彩绸的鸽子和小鸟从盒子里飞上蓝天，名为“百鸟朝凤”。

如今逢年过节，这里的演出还是非常热闹。

29 天后宫妈祖巡游

天后庆生　民众狂欢

地址：天津市南开区古文化街

近些年来，每逢天后生日农历三月二十三日这天，天后宫都会举办妈祖巡游活动，当年“皇会”的一些场景得以重现。

皇会，原被称为“娘娘会”或“天后圣会”。民间口传它起源于1665年（清康熙四年），因受到康熙、乾隆皇帝的嘉奖而易名为“皇会”。这是为纪念海神——天后娘娘诞辰而举行的大型庆典，是天津民间最为隆重的民俗活动，几十万民众会从四面八方风尘仆仆赶来狂欢，沉醉其中，万人空巷。

皇会共举办九天。其间天后娘娘及为其伴驾的送生娘娘、子孙娘娘、瘢疹娘娘、眼光娘娘乘宝辇出天后宫，绕天津城内外出巡散福。一百多道老会、圣会随行表演，内容包括戏曲、曲艺、鼓乐、歌舞、杂耍、武打等等，多姿多彩，令人目不暇接。

1936年以后，虽然没有了规模恢宏的皇会，但仍然有不少老会活跃于民间，如今在妈祖巡游时，还可一睹其风采。

妈祖祭典（天津皇会）是国家级非物质文化遗产。

30 西码头百忍京秧歌老会

梁山好汉边舞高跷边奏乐

地址：天津市红桥区弘丽园小区 5 号楼 102 室（会所场地）

在为祭祀海神妈祖诞辰举行的皇会演出活动中，高跷会是必不可少的，其中以西码头百忍京秧歌老会最负盛名。

老会成立于 1821 年（清道光元年）。总教练蔡绍文（后人尊称其为蔡八爷），于 1819 年（清嘉庆二十四年）随西码头镖局岳长发来到天津后，见这里的脚行人终日辛劳，却少有娱乐，便把自己拿手的京秧歌高跷的技艺传授给他们。

老会的角色共有十个：陀头、婴哥、渔夫、武扇、文扇、樵夫、俊锣、丑锣、俊鼓、丑鼓。所演的是梁山好汉神州会，捉拿歹徒任宝童的故事。其动作、唱腔与中国的武术和京剧有着不解之缘。伴奏乐器“锣鼓四件”由表演者自己携带，边演边打，这在现存的天津高跷中是不多见的。

老会的会规是“百事忍为先”，时刻提醒会员百事和忍，以理服人。老会也因此受到称赞和尊重，有良好的口碑。

31 挂甲寺庆音法鼓銮驾老会

半副銮驾　独树一帜

地址：天津市河西区挂甲寺街

挂甲寺庆音法鼓銮驾老会在众多法鼓会中独树一帜，是因为它的半副銮驾。这半副銮驾为明朝一位娘娘所赐，因为没有辇，故称半副銮驾。这个为数不多、传承至今的法鼓老会，表演程式仍是传统原生态的。

庆音法鼓分文场和武场，文场为半副銮驾及其他仪仗执事，有精美绝伦的金瓜、钺斧、朝天镫、日月龙凤扇等；武场为鼓、钹、铙、铛、镲铬五种乐器的敲击与表演。出会时分行会和设摆，有时晚上表演还要点灯彩，灯光摇曳，煞是好看。

老会五种乐器的演奏曲牌分别是《对联》《桥头》《瘸腿》《绣球》《连卒炮》《双桥》《老河西》，讲究阴阳相和、五音整齐、铿锵有势。钹、铙的上搌动作更是舒展、遒劲、迅猛，具有独特的技艺特点。

津门法鼓（挂甲寺庆音法鼓）现为国家级非物质文化遗产。

32 天津市民俗博物馆

亦静亦动展风物习俗

地址：天津市南开区古文化街 80 号

天津市民俗博物馆于 1986 年对外开放，是在全国率先建立的研究和展示地方民俗文化、收藏具有地方特色民俗文物的专题博物馆。馆内有民俗、服饰、建筑、天津人结婚习俗、天津最盛大的民间节日等五个展区。

基本陈列展览“印象天津卫”，介绍了津门岁时节日、人生礼仪、衣着服饰、商业贸易、游艺竞技、人生信仰、津门遗珍等方面的内容，展示了海河之滨人们的传统生活方式。其中，年俗、婚俗、商俗特点突出，既有传统民俗，也有新的民俗。

博物馆还利用每年的天后宫文化庙会、天后诞辰纪念日等，组织天津民间花会、民间工艺绝活表演等，动态呈现旧时津地风俗、年节习俗和民间艺术等。

33 古文化街

津门故里寻旧踪

地址：天津市南开区通北路与东马路交叉口

天后宫附近的古文化街，名副其实是一条古街。

天后宫在元代建成后，因香火旺盛，又毗邻运河码头，人来人往，宫前自然形成了一个集市，买卖蔬菜粮食、锅碗瓢勺、布绳麻丝等。明清时期，宫南与宫北已形成一条南北大街，开设许多店铺，出售各种日用品。清代中期以后，有了大的粮店、钱庄、药店。每逢年节，南北大街就成了热闹非常的年货或庙会市场。

1860 年（清咸丰十年）以后，洋人来津，但当时清廷不许外国人在中国的府邑居住经商，当年又无租界，他们只好在宫南大街以南，开辟了“洋货街”，却只买卖硬木、药材、胡椒、桂皮等闽广杂货。直到开埠后，这里才有留声机、手摇缝纫机、洋针、玻璃等出售，让国人感到新奇。

进入 21 世纪，宫南宫北大街经改建、新建，成为集一城之文化精粹的古文化街，备受中外人士青睐。

34 天后宫年货市场

自古年味最足天后宫

地址：天津市南开区通北路与东马路交叉口

天后宫连着年，过年不能没有天后宫，历来如此。年前去天后宫逛年货市场，是天津人始自孩提时的热望。

旧时，一进腊月，为抢占摊位，小贩们就在天后宫内外和宫南宫北大街贴满“年年在此”的小红纸条。“腊月十五上全街”时，则摆上一家接一家的小摊。过年食品、绢花绒花、剪纸吊钱、鞭炮花灯以及刀枪鬼脸、风筝空竹等“耍货儿”（玩具）这里一应俱全。整个年货市场春风荡漾，人影如云，一派繁华热闹景象。

那时每到过年，天后宫大殿月台上，挂有巨大的金漆空竹做的招牌，专售修竹斋的“刘海牌”空竹，引人注目。在天后宫卖的小金鱼，也是人们争相购买的吉祥之物。有诗道：“手提新买金鱼缸，知是来从天后宫。”

现在，每年的天后宫年货市场更是热闹。年味最足的地方，依旧是天后宫。

35 天津老城博物馆

展现六百年历史文化遗韵

地址：天津市南开区鼓楼东街 202 号

根据明成祖朱棣的旨意，1404 年（明永乐二年）在直沽设立“天津卫”，后又添设天津左卫、天津右卫，此为“天津三卫”和“三津”的由来。“卫”在明代是一种独立于行政系统之外的军事组织。转年天津卫筑城。城墙基址，就是现在城厢四周的东、西、南、北四条马路。最早的天津城区，就在卫城内，后世称老城。

天津老城，积淀了丰厚的历史文化，老城虽已被拆迁改造，但天津老城博物馆内的 3600 余件展品，仍诉说着老城的故事。这些砖雕、家具、瓷器、铜器、书画、服饰等，展露着迷人的老城历史文化遗韵。

天津老城博物馆是全国首家捐献博物馆，设于老城内的建于清末民初的徐家大院，是保存完好的天津典型传统民居。

36 鼓楼

“天津卫三宗宝”第一宝

地址：天津市南开区鼓楼北街 1 号

“天津卫三宗宝：鼓楼、炮台、铃铛阁。”这是老天津人常说的民谚。

六百多年前天津设卫筑城，初为干打垒而成的土城。1491 年（明弘治四年）兵备道刘福用砖石将城墙包砌，同时在城中心（通往四个城门的十字大街交叉处）修建了鼓楼。20 世纪初，鼓楼遭八国联军破坏，1921 年重建。

古人认为，鼓属木，木能生火，故古建筑避火而趋于水。金有生水之意，而水能防火、灭火，故鼓楼实际为钟楼，一直用敲钟报时。民国初年，鼓楼一度用于消防瞭望。

鼓楼的四个门最初以“镇东”“定南”“安西”“拱北”命名，康熙年间改为“东运沧海”“南通江淮”“西引太行”“北拱神京”，雍正年间又改为“镇海”“归极”“卫安”“带河”。

1952 年，鼓楼被拆除，2001 年改进形制、加大体量再次复建。复建后鼓楼一带已成新的文化商业街区。

37 鼓楼大钟

早晚钟声唤醒繁华津城

地址：天津市南开区鼓楼北街 1 号鼓楼之上

天津鼓楼曾悬有清代诗人梅宝璐（字小树）所撰对联：“高敞快登临，看七十二沽往来帆影；繁华谁唤醒，听一百八杵早晚钟声。”

旧时，鼓楼一直以敲楼内所悬大铁钟报时。据钟上铭款，此钟铸于“天德五年”，来自“滨州长老院”，为何移来，当时放置何处，于史无征。

大铁钟下口放开，有 8 个垂足，垂足外表铸有阳文八卦铭文，早晨和黄昏共击钟 108 下。天津有“紧十八，慢十八，不紧不慢又十八”的俗语，是说鼓楼击钟节奏的急缓。击钟 108 下是佛教寺院的宗教规范，认为击一下即解人生 108 种劫难或烦恼中的一种，108 为吉祥数字。1952 年拆除鼓楼时，此钟被天津历史博物馆收藏。

鼓楼于 21 世纪重建，又铸了一口比原铁钟更高更大的铜钟悬挂。铜钟上的铭文由冯骥才、张仲撰写，主要简述了天津城市的历史变迁，记录了天津人对天津卫城的记忆。

38 杨柳青年画

北方木版年画独领风骚

地址：天津市西青区御河道世纪新苑小区 13 号楼（霍氏古一张画店）

杨柳青年画创始于明代，产地不限于杨柳青，附近的炒米店、古佛寺等十几个村也以生产年画为副业，可谓“家家都会点染，户户皆善丹青”。

杨柳青年画采用木版套印和人工彩绘相结合的方法，既有刀锋版味，又有精细描绘，色彩绚丽，题材丰富，雅俗共赏，且创作紧随时代，在北方木版年画中独领风骚。

清代，曾为慈禧画像的高桐轩，把在清宫见到的富丽典雅景象，移到《瑞雪丰年》等作品中，海派名家钱慧安等也把文人画的创作特点融入作品中，大大丰富了杨柳青年画的表现手法。

旧时杨柳青年画贴法也有讲究，院门贴门神，内室贴门童，炕周贴炕围画，水缸之上贴缸鱼，细长条的窗旁画多成对，等等，处处喜庆吉祥，展示了传统年文化的风采。

杨柳青木版年画的制作技艺现为国家级非物质文化遗产。

39 泥人张彩塑

袖中藏泥　顷刻捏“活”人

地址：天津市河西区平江道 62 号（天津市博物馆）
天津市南开区古文化街宫北大街 11 号（泥人张世家）
天津市河西区马场道 202 号（泥人张彩塑工作室）

“泥人张”是人们对天津泥人张彩塑创始人张明山的昵称。《天津志略》中说：“张长林字明山，精于捏塑，能手丸泥于袖中，对人捏像，且谈笑自若，从容不迫，顷刻捏就，逼肖其人，故有泥人张之称，誉驰南北。”

清道光年间，18 岁的张明山为京剧名须生余三胜塑像，形神兼备，众人惊呼为“活余三胜”，从而出名。李鸿章任直隶总督时，请他为自己塑像，其态度傲慢无礼，张尽塑其丑态，却与李酷肖，李只好吃了个哑巴亏，这更使张明山名声大振。

1906 年（清光绪三十二年）张明山病逝，但泥人张的手艺代代相传至今。1915 年，其子张玉亭的作品在巴拿马万国博览会获奖，被誉为“出类拔萃”之作。徐悲鸿曾著文称赞他的作品是写实主义的杰作，具有世界一流艺术水平，足可以和当时世界最著名的雕塑大师媲美。

天津泥人张的泥塑技艺现为国家级非物质文化遗产。

39

40 天津风筝

可拆装折叠　在世界高飞

地址：天津市南开区鼓楼北街东侧 89 号艺术主题市场 C2-253

在我国几个著名风筝产地中，天津风筝以其技艺独特而誉满海内外。

清末，天津市场上的风筝质量粗糙。经爱放风筝的朱竹渲和两个“筝友”研究改进后，天津风筝有了独特风格：骨架改纸捻为丝线扎结；风筝头改平面为纸浆扣模制成；改纸为绫、绢糊面；软膀风筝的躯干与翅、首不用线扎死，而以翎毛管连接，可拆装折叠，便于保存携带。他制作的风筝《鹰》，是被选入《中国美术全集》的唯一一件民间风筝作品。

后来，天津风筝业的杰出人物、有“风筝魏”美誉的魏元泰进一步改风筝骨架为榫接，既简便结实，又降低了成本；以焊制锡或铜箍，代替翎毛管衔接骨架，坚固且美观，使天津风筝日臻完美。1915 年，魏元泰的风筝获得在美国举办的巴拿马万国博览会奖牌。一直传承至今的魏记风筝，不但远销海内外，还在潍坊国际风筝节和各种博览会上屡屡获奖。

天津风筝魏的风筝制作技艺现为国家级非物质文化遗产。

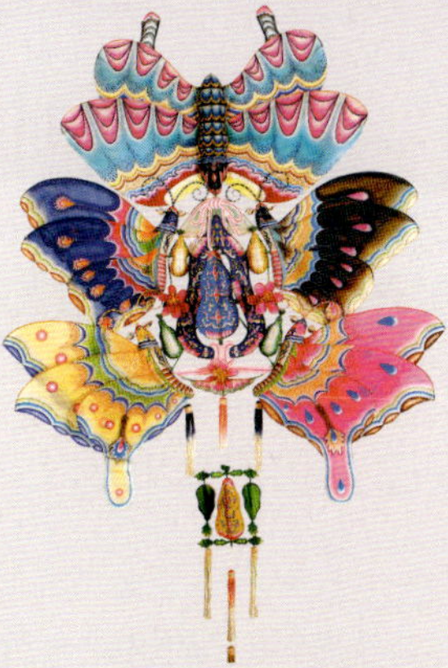

41 中国大戏院

衡量演员水准的标尺

地址：天津市和平区哈尔滨道 104 号

41

很少有一座剧场，能与如此众多的京剧艺术大师的名字联系在一起，中国大戏院则是一个例外。

20 世纪 30 年代初，麒派创始人周信芳自上海北上献艺，有感于天津京剧兴旺而演出场所偏旧，提议盖一座现代化的剧场。惠中饭店经理孟少臣迅即响应，出面筹资、选址，周信芳和尚小云、马连良等京剧大师纷纷入股。

1936 年，一座兼具中法风格的剧场建成，场内分三层，可容纳观众两千余人，其规模和设施之先进，在当时的中国北方堪称第一。

大戏院开业时，马连良率团来演出，还在戏前“跳加官”致贺。从此“四大名旦”“四大须生”等各行当名角，你方唱罢我登场，群星荟萃，在此留下了清歌丽影，几代绝唱。

“中国”闻名全国，为名角必来之地，新锐向往之乡。一座剧场的门槛成了衡量演员水准的标尺，海内几家堪与比肩？

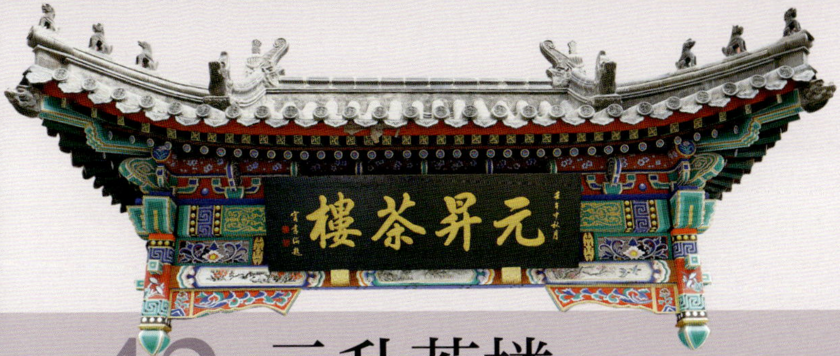

42 元升茶楼

在老茶园原址仿建的茶楼

地址：天津市南开区鼓楼北街 79 号

元升茶楼，是在清末金声茶园部分原址上仿建的清式茶园。

金声茶园，与庆芳茶园、协盛茶园、袭胜轩同为清末津门四大名园。从清同治末年到光绪初年，茶园演戏在天津形成一定规模。孙菊仙、李吉瑞、元元红等京津名角，小荣福、杨翠喜等京梆女伶也都在金声茶园演出过。

当年，府县衙门官员、盐运使署权贵、城里富贾之家会友人、寿诞办堂会以及消遣解闷多选在金声茶园。进茶园只付茶资，看戏不另加钱。这里档次高，茶资昂贵，非殷实人家很难光顾。

早年分布在城外沿河岸边的茶园，以劳苦大众为服务对象，设施简陋，遇雨上下漏水，于是人走园空，人称“雨来散”。

如今，元升茶楼不时举办艺术沙龙、书画笔会等。

43 名流茶馆

364 天逗你笑

地址：天津市南开区古文化街主街 2 楼（古文化街店）
天津市和平区新华路 177 号和平文化宫 1 楼（新华路店）
天津市和平区多伦道与河北路交叉口同方花园底商（多伦道店）
天津市解放北路和滨江道交叉口津湾广场 4 号楼，近张自忠路（津湾大剧院店）

20 世纪初的天津，是北方说唱艺人演出场地最多的城市。来自多地的优秀说唱艺人长期在天津演出，培养了天津观众的爱好和鉴赏能力。成立于 1991 年的名流茶馆，是改革开放以来，天津第一家有浓郁地方特色的民间相声茶馆。

名流茶馆曾得到老舍先生夫人胡絜青、戏剧评论家吴同宾指点；马三立题写了“名流茶馆”的匾额。茶馆沿袭以前的风格，观众席内摆放方桌、靠背椅。

名流茶馆更注重的是演艺人才的培养，这里有一支由 70 多位老、中、青演员组成的相声演出团队，广受观众欢迎，并坚持一年 365 天中 364 天演出（除夕过年不演）。有言道，北京是相声的“出处”，天津是相声的“聚处”。到名流茶馆听相声，称得上是享受一番带有天津味的快乐。

坐落在估衣街的百年老店谦祥益绸缎庄旧址，从 2002 年起，成为用于曲艺演出的谦祥益文苑。天津众多相声名家均在这里演出过，并为相声界培育出许多后起之秀。演员们用心于“好好说相声，说好相声”，坚持“传统不守旧，创新不忘本”的理念，推陈出新，深受观众好评。

文苑内设有全国首家天津相声博物馆，陈列展示馆内收藏的有关曲艺演出的道具，相声名家的手稿、旧照、书籍、音像制品等珍贵文物 2000 余件，记录了相声的发展历程。

这里展出的泥塑《茶馆相声》，再现了旧时天津东兴市场连兴茶社相声演出的景象：表演者在场子中间演出，观众围坐于四周条凳上观看，茶馆小伙计穿插其间打零钱、引座……观众犹如“穿越”回昔日的相声茶馆。

如今谦祥益文苑已搬到现代化商城演出，继续为大家送上欢乐。

44 谦祥益文苑

听相声看相声博物馆

地址：天津市红桥区大丰路陆家嘴中心 5 层

肆

文教精粹

45 文庙

庙学合一　府县并列

地址：天津市南开区东门内大街 1 号

天津的文庙，始建于明代，经清代扩建重修，特色有三：庙学合一、府县并列、牌楼荟萃。

1436 年（明正统元年），天津左卫指挥使朱胜将自己东门里的居所改建为学宫，这是天津的首座官办学校。1447 年（正统十二年）大成殿在此落成，学宫也成了祭祀孔子的庙宇。

1725 年（清雍正三年），天津卫改为天津州，之后又升州为府，下辖天津县等。于是卫学改为州学，后又升为府学，文庙也升为府庙。由于府、县官员不能同地祀孔，1734 年（雍正十二年）在府庙西侧另建县庙、县学，形成了府庙、县庙并列的格局。

天津文庙内外共有七座牌楼：府、县庙两座棂星门，礼门、义路三座牌楼，东门内大街明万历年间建的“德配天地”“道冠古今”的两座过街牌楼。1984 年，美国费城就是按照此过街牌楼式样修建的“费城华埠”牌楼。

46 北洋大学堂旧址

"巍巍学府北洋高"

地址：天津市红桥区光荣道 8 号河北工业大学（红桥校区）东院内

1895 年（清光绪二十一年），天津北洋西学学堂在梁家园博文书院（今海河中学一带）创建，转年更名为"北洋大学堂"，是为中国近代最早的新式大学。

1900 年（光绪二十六年）八国联军入侵，学校被迫停办。后于 1903 年（光绪二十九年）在北运河畔的西沽武库复校，师生们曾在运河堤上手植桃花。正所谓"花堤蔼蔼，北运滔滔，巍巍学府北洋高"。1951 年，北洋大学与他校合并为天津大学，迁址七里台。

目前，北洋大学堂旧址主要有团城和北洋大学堂南楼、北楼三幢建筑。现为全国重点文物保护单位。

团城，始建于 20 世纪初，为整体院落式布局，东西两组平房围成一庭院，曾为北洋大学办公地，著名桥梁专家茅以升 1945 年任北洋大学校长时在此办公、居住。团城南北两侧有建于 1933 年的南楼、建于 1936 年的北楼，建筑布局对称，造型简洁大方。

47 天津大学

中国第一所现代大学

地址：天津市南开区卫津路 92 号（卫津路校区）
天津市津南区雅观路 135 号（北洋园校区）

天津大学，前身为北洋大学，始建于 1895 年（清光绪二十一年）10 月 2 日，是中国第一所现代大学，开中国近代高等教育之先河。“甲午战争”失败后，在“自强之道，以作育人才为本；求才之道，尤宜以设立学堂为先”的办学宗旨下，由清光绪皇帝御笔朱批，创建于天津，盛宣怀任首任督办。1951 年，北洋大学与河北工学院合并，由国家定名为天津大学。

天津大学于 1959 年被中共中央指定为国家首批重点大学。改革开放后，天津大学是“211 工程”“985 工程”首批重点建设的大学，入选国家“世界一流大学建设”A 类高校。毛泽东、周恩来、邓小平、江泽民、胡锦涛、习近平等国家领导人曾到学校视察。

天津大学秉承“兴学强国”的使命、“实事求是”的校训、“严谨治学”的校风、“爱国奉献”的传统和“矢志创新”的追求，为国家经济社会发展作出了卓越贡献，迄今为国家和社会培养 30 万名高层次人才。

48 徐志摩铜像

北洋大学才俊回到母校

地址：天津市南开区卫津路 92 号
天津大学冯骥才文学艺术研究院内

一首《再别康桥》，徐志摩显露绝代风情。“北洋大学—天津大学建校120 周年”之时，他的铜像翩然而至，伫立于为其立像的天津大学冯骥才文学艺术研究院内。是何缘由？殊不知他也是从北洋大学走出的文坛才俊。

1916 年冬，徐志摩从上海来津，入北洋大学法科预科读书。1917 年秋，北洋大学法科并入北京大学，他才又去了北大。

1918 年，徐志摩出国留学，第一站是美国克拉克大学。他向校方提供的学习成绩单中就有北洋大学法科的：英国文学 88 分，中国文学 90 分，世界历史 98 分，法律基础 90 分，逻辑与心理学 86 分，斐然可观。

当年，北洋大学法科实力雄厚，课本采用西方高校原版教科书，这为日后徐志摩求学欧美打下基础。

这尊铜像的创作者是任教于山东工艺美院的著名雕塑家商长虹。每逢徐志摩诞辰之日，总有鲜花敬献于此。

49 南开学校旧址

两任共和国总理曾在此就读

地址：天津市南开区南开四马路 20–22 号

1904 年（清光绪三十年），著名教育家严修和张伯苓为了实现“教育救国”的理想，创办了私立中学堂，后改名为敬业中学堂、私立第一中学堂。1907 年（光绪三十三年）迁校址于南开，更名为南开中学堂，通称南开学校。1960 年恢复南开中学校名。

南开中学是天津最早建立的私立中学，也是海内外享有盛誉的著名学校。建校百余年来，共培养出毕业生十余万人，日后绝大部分都成了社会各领域的骨干和中坚力量。1913 年至 1917 年，周恩来总理曾在这里读书。1954 年至 1960 年，温家宝总理曾在此就读。

1929 年，为纪念天津著名教育家、南开学校创办人严修（字范孙），经时任南开大学校长张伯苓提议，由海内外南开校友集资，在南开中学内修建了范孙楼。

现为全国重点文物保护单位。

50 原直隶第一女子师范学校主楼

“天下之大匹妇责”

地址：天津市河北区天纬路 4 号天津美术学院内

直隶第一女子师范学校前身为 1906 年（清光绪三十二年）建立的北洋女师范学堂，是中国建立最早的女子师范学校。邓颖超、许广平曾在此就读。

学校以“妇德、妇言、妇容、妇功”为训，课程设置注重美育修身，目标是培养贤妻良母。官方希望女学生学成后“仍归重于保守中国旧有女德”，但社会新风尚已势不可挡。女学生们反对封建礼教，追求男女平等，崇尚婚姻自由。她们传唱的是《自由结婚歌》。“可笑那旧社会，全凭媒妁通情”，“记当初，指环交换，拣着平生最敬最爱的学堂知己”等歌词，着实把当局吓了一大跳，守旧势力慌忙勒令禁止。

“二十世纪天演烈，坤维凭谁振？一人能醒百人觉，由来师道尊。天下之大匹妇责，斯责逾千钧。”学校师生高唱这首校歌迎来辛亥革命、五四运动、中国共产党成立等重大历史事件。她们“一洗柔弱之习”，巾帼从戎，足令裙钗生色。

原学校主楼至今保存完好。

51 南开大学

“爱国奋斗　公能日新”

地址：天津市南开区卫津路 94 号（八里台校区）
天津市海河教育园区同砚路 38 号（津南校区）
天津经济开发区宏达街 23 号（泰达校区）

51

南开大学是一所具有百年历史的著名高等学府，创建于 1919 年。八里台校区 1923 年 9 月建成，南开大学从南开中学校园搬迁至此，这里从一片荒地发展为教育重镇。

南开大学因救国而生并迅速崛起，有百年爱国奋斗的历史：民族危亡之际，张伯苓校长提出振聋发聩的“爱国三问”；1937 年日军侵华，炸毁南开，南开大学被迫南迁，与北京大学、清华大学组建长沙临时大学，后辗转迁往昆明；1946 年南开大学北返复校；新中国成立后获得新生。1958 年毛泽东主席曾视察南开大学。周恩来总理曾三返母校。

南开大学秉承“允公允能，日新月异”的校训和“爱国、敬业、创新、乐群”的传统，为祖国的经济发展与天津城市进步作出了贡献。

2019 年 1 月 17 日，习近平总书记视察南开大学时，对百年来南开的办学理念和办学成绩给予充分肯定，认为南开大学具有光荣的爱国主义传统，这是南开的魂。

52 南开大学思源堂

名校坚楼出高才

地址：天津市南开区卫津路 94 号南开大学内

1922 年底，美国罗氏基金团在南开大学听了邱宗岳用英文讲的普通化学课后，十分震惊，认为教师治学有方，毅然决定捐款 12.5 万元为学校建科学馆，同时提出一个须在国内筹另一部分款项的条件。袁世凯婶母袁太夫人得知此事后，命儿子袁述之认捐 7 万元。1925 年，由邱宗岳一手设计并督建的一座名为“思源堂”的楼房矗立于南开大学，供理工系科使用，日后这里成为我国主要化学教育基地之一。

思源堂是个培养人才的摇篮。化学家伉铁儁，植物学家殷宏章，物理学家吴大猷，数学家刘晋年、江泽涵和陈省身等大师级学者，都曾在这座教学楼内度过他们美好的青春岁月。

思源堂极其坚固。1937 年 7 月，日本侵略者疯狂轰炸南开大学，其他楼房全部夷为平地，唯其未被摧毁，尽管千疮百孔，但依旧傲然挺立于校园。

现为全国重点文物保护单位。

53 耀华中学

英才辈出　光耀华夏

地址：天津市和平区南京路 106 号

耀华中学，其前身是 1927 年实业家庄乐峰在旧英租界戈登路（今湖北路）初创的天津公学。这是为租界内华人子弟争取平等受教育权，在天津旧租界内开办的第一所华人学校。1929 年起，又在墙子河畔围墙道（今南京路）旁填水坑兴建新校舍。

“尚勤尚朴，惟忠惟诚”，这是 1934 年在新校舍陆续建成，且学校更名为私立耀华中学校之际，履新校长赵天麟确定的校训。桃李不言，下自成蹊，以光耀华夏为大任的“耀华”，英才辈出。

“耀华”知名校友无数，其中仅当选两院院士的科学家，就有钱伟长、于敏、周尧和、孙家钟、梁思礼、金怡濂、张金哲、冯培德等十几位之多。他们之中，有获得过“共和国勋章”“两弹一星功勋奖章”和“国家最高科学技术奖”的。

54 天津图书馆

精神粮仓　一馆三舍

地址：天津市河西区平江道 58 号（文化中心馆）
天津市南开区复康路 15 号（复康路馆）
天津市津南区海河教育园区新惠路 1 号（海河教育园馆）

天津图书馆是中国创建较早、历史悠久的省级公共图书馆之一，从 1908 年（清光绪三十四年）长江以北最早的近代公共图书馆—直隶图书馆创建至今，已逾一个世纪。天津图书馆如今已经形成“一馆三舍”的发展格局，规模在国内省级公共图书馆中处于领先地位。

文化中心馆是主体馆区，实现了老年和青少年阅览共享功能，包括书刊的外借阅览，视听资料欣赏，数字资源加工利用，工具书、历史文献资料查阅，珍本图书展示，古籍文献保管、整理、修复，还包括面向视障读者、少儿读者的服务和政府信息的查阅等。

复康路馆提供大众化专业文献服务，开展专业文献深加工服务。海河教育园馆以社会科学、文艺类读物服务为主，满足园区师生课外阅读及当地居民基本阅读需求。

55 天津博物馆

百年天博　宝藏丰富

地址：天津市河西区平江道 62 号

天津博物馆是一座历史艺术类综合性博物馆，其前身可追溯到 1918 年成立的天津博物院，是国内较早建立的博物馆之一。中国历代艺术品和近现代历史文献、地方史料并重，馆内现有古代青铜器、陶瓷器、法书、绘画、玉器、玺印、文房用具、甲骨、货币、邮票、敦煌遗书、竹木牙角器、地方民间工艺品及近现代历史文献等各类藏品近 20 万件，图书资料 20 万册。2008 年被评为国家一级博物馆，可以不定期举办国内外大型临时性特展。

天津博物馆常设三个基本陈列："天津人文的由来"（古代天津）、"中华百年看天津"（近代天津）和"耀世奇珍——馆藏文物精品陈列"，重点展示天津在中国近代史曲折和奋进的历程，以及关于城市由来的丰厚且珍贵的物质遗存。

56 北疆博物院

藏品珍贵丰富　名扬国内外

地址：天津市河西区马场道 117 号天津外国语大学内

北疆博物院 1923 年落成，其创办者是法国地质学博士桑志华。他 1914 年来华，深入考察地质与水系，搜集岩矿、古生物、动植物等大量标本与化石等 4 万多种。博物院的建成，为这些标本安了新家。

北疆博物院是近代中国建立最早的一家自然博物馆，被誉为 20 世纪二三十年代世界上“第一流的博物馆”，专以研究黄河、白河（海河）两大流域的农矿地质及动植物为主，亦称黄河白河博物馆。

北疆博物院藏品包括动物、植物、古人类、岩石矿物标本以及历史民俗文物 20 余万件。其中在保定以西挖出的全副象化石以及两个犀颅化石和犀骼全身化石等，都是甚为珍贵之物。博物院以藏品丰富且珍贵闻名国内外。北疆博物院后改组为天津自然博物馆。

现为全国重点文物保护单位。

伍

地方风物

57 大沽口炮台

海门御侵　历尽荣辱

地址：天津市滨海新区塘沽东炮台路1号

大沽口是海河入海口，两岸对峙如门，有“海门”之称，明代开始设防，1817年（清嘉庆二十二年）建南北炮台。

1858年（清咸丰八年），英、法舰艇入侵，攻陷大沽口，胁迫清廷签订《天津条约》。后清军在此修建以“威、震、海、门、高”命名的五座炮台和石头缝炮台一座。1859年（咸丰九年）英法联军再度入侵，清官兵英勇还击，击沉英法军舰三艘，打死、打伤联军四百余人，取得鸦片战争以来抗击侵略者的第一次胜利。1860年（咸丰十年）大沽口炮台再次为英法联军攻陷，天津被迫成为对外通商口岸。

1900年（清光绪二十六年），八国联军入侵大沽口，守将罗荣光率炮台将士奋力抵抗，血溅疆场。翌年，根据屈辱的《辛丑条约》，大沽口炮台被全部拆毁。

1997年天津市整修“威”字炮台，并修建“海门古塞”石坊和“大沽口炮台遗址博物馆”。

现为全国重点文物保护单位。

58 望海楼教堂

两焚两建反洋教斗争留名

地址：天津市河北区狮子林大街 292 号（狮子林桥桥口近海河）

望海楼教堂，是第二次鸦片战争后，法国天主教传教士来到天津，于 1869 年（清同治八年）修建的，它在中国近代史上非常有名，欧洲古典建筑文化传入天津也是由这座哥特式风格教堂开始的。

西方宗教是伴随西方列强的侵略传入中国的，其教义又与中国人的传统信仰和道德观念相悖，故传入之初就受到人民群众的抵制，以致在 1870 年（同治九年）发生了火烧望海楼的“天津教案”，法国传教士从此不敢到租界外传教，影响很快波及各省，在全国形成了反洋教斗争的高潮。

直到 1898 年（光绪二十四年），法国天主教利用中国在甲午战争中的弱势，才乘机将望海楼教堂修复。1900 年（光绪二十六年），教堂又在义和团运动中被烧毁，1904 年（光绪三十年）利用《辛丑条约》“赔款”再度修复。

至今已有 150 年历史的望海楼教堂，见证了近代中西方文化的撞击和融合。

现为全国重点文物保护单位。

59 紫竹林教堂

用焚教堂赔款建新堂

地址：天津市和平区营口道 16 号

59

紫竹林教堂，建成于 1872 年（清同治十一年），是旧法租界内最早的建筑之一，又名圣路易教堂。

1870 年（同治九年）望海楼教堂被民众焚毁后，法国公使向清政府索得九万两白银赔款，拟在望海楼教堂旁树立警戒事件重演的石碑，但慑于民众的反洋教情绪未果。于是，心有余悸的法国传教士利用租界的特殊权益，将赔款用于在旧法租界建紫竹林教堂。

1900 年（光绪二十六年）义和团运动爆发，租界受到清军和义和团的进攻，这里是租界进行抵抗的据点，因此成为见证“庚子事件”重要的遗址。

紫竹林教堂属意大利文艺复兴晚期建筑风格，大墙上的砖雕却采用天津本地特有的莲花串珠图案，体现了 19 世纪中西建筑文化的交融。

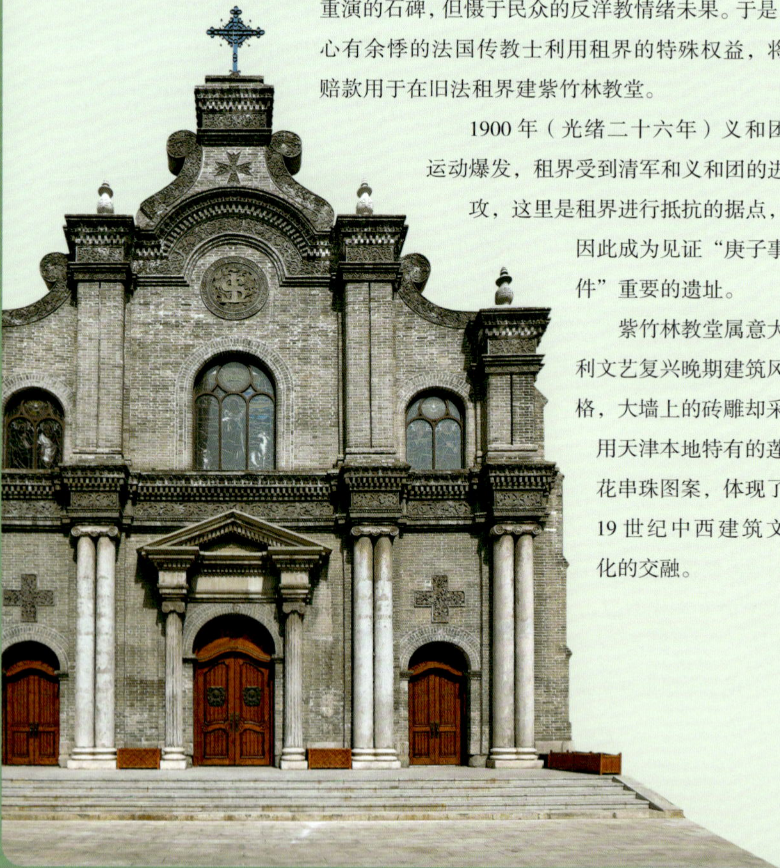

天塔湖畔、八里台桥南，耸立着一座清代战将的青铜雕像，基座镌刻“聂忠节公殉难处”。聂忠节公指聂士成，“忠节”是清廷给他的谥号。

1900年（清光绪二十六年），八国联军大举进犯天津，曾因保卫天津而战功卓著的清军将领聂士成，与义和团一同重创联军。7月9日，联军以六千兵力进攻，双方激战两个多小时，因寡不敌众，清军被重重包围，营官哭求聂公后撤，聂死守八里台桥头，岿然不动，更换四匹坐骑，身上中弹七处，最后腹破肠流，壮烈捐躯。五年后，清廷才立“聂忠节公殉难处”纪念碑，八里台桥被命名为聂公桥。天津人还自动筹资修建了聂公祠。

聂公碑曾被毁，1984年残存碑心被发现，遂复立亭阁式石碑，2000年建立雕像纪念碑。

60 聂士成殉难纪念碑

勇抗八国联军壮烈捐躯

地址：天津市南开区卫津南路与水上公园北路交叉口

61 西开教堂

见证反对列强侵略行径

地址：天津市和平区西宁道 9 号

西开教堂，是华北地区最大的罗马风格教堂建筑。

1902 年（清光绪二十八年），法国领事向清政府提出欲扩充老西开为租界，未被允许。于是法国采取蚕食方法，于 1913 年开始在这里建西开教堂，还先后建了医院、学校，并借口保护设岗。1916 年，教堂建成后法国领事率巡捕数十人，将驻墙子河张庄大桥的九名中国警察强行缴械，押往工部局拘禁，妄图以武力实现侵占老西开的野心。

事件发生后，社会各界发起组织“维持国权国土会”，号召全市人民抵制法国的侵略行径，于是商人罢市、工人罢工、学生罢课表示抗议。法租界当局又搜捕行人、店主十余人，关进工部局。

这场斗争持续半年之久，得到全国各地的响应和支持，形成了席卷全国的反法斗争风潮，使得法国侵占老西开的阴谋未能得逞。

62 石家大院

保存最完整的津沽名宅

地址：天津市西青区杨柳青镇估衣街 47 号

清末民初，天津先后出现了实力雄厚的“八大家”，其宅院习称某家大院，均为津沽名宅，如今保留下来的仅有杨柳青的石家大院。

石家大院由住宅院、厅堂院和两座跨院组成。正中为纵跨南北的箭道，中部分设两座门楼。门楼南门脸为时尚的砖筑西洋式拱门，北面则是传统的垂花门。两座门楼的垂花门看似相同，细看则发现上面雕饰的倒垂荷莲，一处含苞欲放，另一处则莲子满蓬，呈生长序列状，真是匠心独运，妙不可言。

住宅院由四套四合院组成，各院出入可径直走暗门箭道，互不干扰。厅堂院设客厅（鸳鸯厅）、戏楼和佛堂等，是接待、娱乐、宴饮和祭祀的场所。东、西跨院分别为用人住地和家塾用房。南部辟作石府花园。

石家大院各层建筑墀头和门楣等均饰以精美砖雕。隔扇、门、窗、花罩、楣子和柱枋，采用浮雕、透雕和圆雕，无一不精。

现为全国重点文物保护单位。

62

63 石家大院私家戏楼

堂会寿宴两相宜

地址：天津市西青区杨柳青镇估衣街 47 号石家大院内

石家大院戏楼在厅堂院。大院中各院的房屋均坐北朝南，唯戏楼坐南朝北。

戏楼由前、后厅和周围廊构成。戏台背倚前厅，为演员化妆、候场厅。宽敞的前廊明柱间隔被辟作戏台。台口明柱挂朱红底金字楹联：梓泽兰亭逢圣事，绽桃杨柳庆升平。

戏台两侧接回廊，两排回廊柱为方形抹角的“梅花柱”，区别于前后厅堂的圆形檐柱。回廊柱和前、后厅堂檐柱均分成上、下两层。下层柱头间连接透雕雀替和楣子。外圈置挂落板和望柱栏杆，好似华丽的腰檐，极富装饰效果，是戏楼装修的看点。上层柱间安装玻璃窗，用以通风和采光。天井上覆盖罩棚顶，下为观众席。

石家大院戏楼主要用作私家堂会演出，也可用于举办家庭寿宴。

64 安家大院

集老城隔扇之大成

地址：天津市西青区杨柳青镇估衣街 28 号

安家大院，在古镇杨柳青也是名宅。大院主人是杨柳青“赶大营”第一人，当年带动杨柳青人车运、马驮，将大批物资运往新疆，支援清朝军队。

安家大院的各处建筑，安装了从天津老城四合院征集来的隔扇三百余扇，可谓集津门隔扇之大成。隔扇是我国古建筑门、窗的一种做法，可根据需要，随意拆装，或用于厅堂内部分隔空间。这里展示的不乏天津古代隔扇精品。

安家大院还保存两处地下建筑。一是正房底下的银库，又称金银库，是有钱人家珍藏金银珠宝的地窨子。库室为青砖砌筑，船篷顶，墙壁设灯龛，至今干燥、无渗水。另一处是 1971 年“文革”中为“备战、备荒、为人民”挖筑的长 20 米、宽 4 米的地道，用于存放药品。白灰墙上书写的红字“文革”标语，是那个时期的历史见证。

65 广东会馆

20 世纪世界建筑精品

地址：天津市南开区城厢中路 1 号

清乾隆年间，来津做生意的外省商人，首建了代表同乡利益又与当地经济发展相关的闽粤会馆。清代天津建起的二十多处会馆中，规模最大、功能齐备、建筑精美而又唯一完整保留至今的，就是历时四年、用白银九万余两，建成于 1907 年（清光绪三十三年）的广东会馆。

广东会馆由聚会、办公、休养和食宿四大功能区构成，融北方和岭南建筑手法为一体。屋顶、外墙使用厚重的青砖、灰瓦，与老城环境协调一致；进入门厅，柱子、梁枋和装修的岭南特色扑面而来。其总体和细部都体现着“人、环境、建筑”的和谐之美。

1985 年，广东会馆整修后，辟为中国第一家戏剧博物馆。

2017 年，广东会馆入选第二批中国 20 世纪建筑遗产项目名录。

66 广东会馆公共戏楼

古典戏楼完美收山之作

地址：天津市南开区城厢中路 1 号广东会馆内

广东会馆戏楼是会馆建筑的精华，偌大的剧场内不见一根柱子，看戏时视、听效果都很好。

戏楼伸出舞台，让观众能从三面看戏。古代戏楼，包括故宫、颐和园的皇家戏楼，台口都有两根碍眼的明柱，而这里的改做垂莲短柱挑悬空中，美观而不挡视线。台上华丽的藻井起回音罩作用，能把自然音色、音质和音量，传达给剧场中任何位置的观众。

戏台高 1 米，便于散座观众平视看戏。包厢楼座高 4 米，俯视戏台角度 10° 至 15° ，符合视觉生理。观众一般在 15 米以内可看清演员面部，这里最远视距 14 米，恰到好处。

自 1908 年（清光绪三十四年）开始，有镜框式舞台的现代剧场陆续遍布全国，而 1907 年（光绪三十三年）修建的广东会馆戏楼，为我国古典戏楼画上了一个完美的句号。

67 天津西站原主楼

平移百年车站创世界之最

地址：天津市红桥区北营门西马路与西站前街交叉口

近代中国的铁路建设，最初是以天津为中心进行的。在唐津、津卢和卢汉铁路建成通车后，津浦铁路的修建被提到议事日程上来。

1908 年（清光绪三十四年）3 月，津浦铁路北段（天津至韩庄）总局在津成立。北段总站原拟修建在天津赵家场，后因征购土地时暴露了总局主持人贪污问题，加之《民兴报》等媒体合力反对在赵家场设站，于是改站址于今天的西站处。1911 年（宣统三年）天津西站建成，转年 10 月津浦铁路全线告竣通车。

天津西站当年是津浦铁路的起点，在今日的京沪铁路线上，原主楼成了修建最早、规模最大、保留最为完整的一座德式风貌建筑。

2010 年西站大规模改造时，为保护这座珍贵和优美的西站原主楼，将整体建筑向南平移 135 米后，又向东平移 40 米，创下国内外砖混结构建筑平移距离之最。

现为全国重点文物保护单位。

68 李纯祠堂

拆了北京王府　搬到津城建祠

地址：天津市南开区白堤路 82 号

李纯祠堂，原为坐落于北京西城北太平仓、始建于清初的庄王府，后由民国时期曾任江西都督的天津人李纯以 20 万大洋购得，将拆下的砖、瓦、木石构件搬运到天津，于 1923 年建为李纯祠堂，是津城唯一规模大、规格高的宫殿式建筑群。

因庄亲王载勋主张借助义和团排外，1900 年（清光绪二十六年），北京庄王府遭八国联军洗劫，后载勋被慈禧“赐令自尽”，庄王府从此败落。

李纯祠堂布局严谨、气势宏伟，由外到里依次为照壁、石狮、花园、石牌坊、华表、金水桥、前殿、东西配殿、戏楼、回廊、大殿、周围廊。大殿为绿琉璃瓦歇山顶，檐下斗拱簇拥，这里原为庄王府祭天、祀祖的享殿。月台踏步做工细致，中央精雕云纹御路石，保留了王府气派。

新中国成立后，政府拨款整修，将这里辟为“南开人民文化宫”。

现为全国重点文物保护单位。

69 李纯祠堂庭院戏楼

“五海云龙”显王府气派

地址：天津市南开区白堤路 82 号李纯祠堂内

李纯祠堂的戏楼在中院。

中院的北部是大殿，原为庄王府的享殿，是祀典先祖的殿堂。大殿五开间，两侧耳房各三开间。院南两边是垂花门，为进出庭院的通道。戏楼在正南，坐南朝北，面向大殿。戏楼平面呈“凸”字形，为伸出式戏台。后台与前院的前殿相连，两侧砖墙开六角形透窗，外饰砖雕花卉，内镶木框透窗。

戏楼的戏台以砖石砌筑，两侧石阶五级，便于上下戏台。台口立红漆明柱，下部做木制栏杆，上部倒置挂楣子。台顶外方内圆，正中为高浮雕“五龙云海”图案。中院建筑均为绿琉璃瓦顶，大殿为九脊歇山顶，戏楼与之对应为歇山卷棚顶。东、西配殿均为五开间，加盖耳房各三开间，等级规格较高。庭院青砖铺地，布局严谨、宽敞，颇具王府庭院戏楼气派。

70 九宣闸

泄洪、灌稻、引黄立大功

地址：天津市静海区唐官屯镇靳官屯村九宣闸

九宣闸位于津冀交界南运河右岸，南运河与马厂减河交汇处，于1881年（清光绪七年）建成，历史久远而风采依旧，为天津现存最早的水闸。

马厂减河为淮军首领、小站稻拓植人周盛传开挖。建成之初，九宣闸在宣泄南运河洪水经马厂减河入海、向小站稻供水、漕运交通方面都发挥了重要作用。20世纪70年代至今，它一直是“引黄济津”的总收水地，累计30多亿立方米的黄河水通过该闸输入津门。

九宣闸以宣泄九派之水而得名。水闸为开敞式条石砌筑，闸板由8块方木组成，可根据水势增减，水从闸板上漫过。两侧翼墙由18层条石构筑，每层高30厘米，通过观察水面位置即可推算出水深。闸体由花岗岩条石砌筑，砌石之间上有蝴蝶铁扣榫接，下有梅花扣相连，以石灰浆、糯米汁灌缝，使之拼接牢固。

71 清户部造币总厂旧址

首座近代国家造币厂

地址：天津市河北区中山路 137 号

用于零散交易的传统货币，是国家制造的外圆内方的铜辅币“制钱”，被戏称为“孔方兄”。西方国家通行的货币则是银币。

随着与世界商业往来日增，清朝也开始试铸银币。先从英国购进制币机器，在天津设北洋铸币厂，于 1896 年（清光绪二十二年）试铸出有蟠龙图案和“北洋机器局造”字样的银币“壹圆”及辅币“伍角”“贰角”“壹角”“半角”。转年及 1898 年（光绪二十四年）又专门铸造了“壹圆”龙洋，开中国机械化铸造银圆之先河。在八国联军侵华战争中，北洋铸币厂被劫掠一空。

1902 年（光绪二十八年）直隶总督袁世凯组织人马，使用原北洋铸币厂机器，建立北洋铸造银圆总局，鼓铸铜圆，后又加铸银圆。转年，清廷在北洋银圆局的基础上，设立天津铸造银钱总局，1904 年（光绪三十年）将其更名为户部造币总厂。为统一全国铸币，翌年令全国各地造币分厂一律使用设在天津的户部造币总厂颁发的“祖模”，中国第一座国家造币厂在天津诞生。

72 顺直水利委员会旧址

近代治水“大本营”

地址：天津市河北区自由道 24 号

当年在这座别致的小洋楼里工作的人们，称得上是中国近代水文工作的奠基者。

1917 年，海河流域暴发特大洪水，北洋政府委派熊希龄负责水灾善后，并于转年 3 月 20 日成立顺直水利委员会，就在旧意租界这座小楼里办公。当时熊希龄任会长，主要任务是整治直隶河道及海河、黄河流域。

1928 年 9 月，顺直水利委员会改组为华北水利委员会，组织筹建华北各河湖流域及沿海区域防洪、灌溉、航运、水力等水利工程。该会编制出海河流域第一部河系规划《永定河治本计划》，还在天津筹建了中国第一个水工试验所，实施完成了海河放淤等一批水利工程。

抗日战争爆发，华北水利委员会迁往重庆，抗战结束后返回天津，重组为华北水利工程总局。

73 黄海化学工业研究社旧址

中国首家民营科研机构

地址：天津市滨海新区解放路 338 号

黄海化学工业研究社，是中国近代第一家民营科研机构，由中国海洋化工的开拓者和奠基人范旭东倡建于 1922 年。

在此之前，范旭东于 1914 年在塘沽创建了中国第一家制盐工厂——久大精盐公司，生产出以“海王星”为商标的晶莹精盐；于 1918 年创建中国第一家制碱工厂——永利制碱公司，生产出碳酸钠含量在 99％以上的“红三角”牌洁白纯碱，获美国费城举办的万国博览会金质奖章，“红三角”成为进入国际市场的响当当的世界名牌。

研究社的成立，实现了范旭东在塘沽创造中国海洋化工“圣城”——永（利）久（大）黄（海）的实业梦想。毛主席曾高度评价范旭东的功绩：“工业先导，功在中华。”

研究社请来毕业于哈佛大学的化学博士孙颖川主持社务，主要解决“久大”“永利”的技术难题以不断创新。工业研究社于 1952 年并入中国科学院。

现为全国重点文物保护单位。

74 金汤桥

一开一合 水陆两便

地址：天津市南开区水阁大街与河北区建国道之间的海河上

金汤桥建于 1906 年（清光绪三十二年），为国内现存唯一的平转 90° 开合桥。

在历史上，天津是我国开合桥最多的城市。著名桥梁专家茅以升曾著文称赞天津这一“特产”。他写道，合时桥上走车，开时桥下行船，一开一合，水陆两便，这是一种很经济的桥梁结构。在我国这种桥很少，“几乎全国所有的开合桥都集中在天津”；归纳开合桥类型，天津“几乎各式皆备”——解放桥、金钢桥属于“吊旋桥”，金汤桥为“旋转桥”，而老金华桥又是“平拖桥”。

当年，金汤桥是一座连着“中国地”与旧奥租界的桥。比利时人热心于修建这座桥，因为他们经营的电车要从这里过河。

1949 年 1 月 15 日，金汤桥见证了历史性时刻，解放天津的英雄先锋在这里会师。现在，桥头建有纪念天津解放的雕塑和会师公园。

75 解放桥

国内现存最大的吊旋开启桥

地址：天津市河北区世纪钟广场与和平区解放北路之间的海河上

解放桥——雄浑钢铁与韵律结构的美妙组合，长 97.64 米，宽 19.5 米，是天津也是国内现存最大的吊旋开启桥。这座 2008 年已恢复开启功能的铁桥，位于海河黄金河段，东岸有火车站，西岸下桥不远即是解放北路金融街。

铁桥 1927 年建成，当年被称为万国桥。桥的建成，把地处海河西岸的旧日、法、英、德租界，与地处海河东岸的旧奥、意、

俄、比租界连接起来。桥名万国，反映了九国租界的天津近代史。1949 年天津解放后，桥改名为解放桥，此后多少年里，都是天津的标志性建筑。

铁桥由美国公司设计，法国公司建造。

76 宁园

曾是清朝国立农业试验基地

地址：天津市河北区中山北路 23 号

宁园，即北宁公园。其前身为20世纪初筹办的大清官立种植园，1907年（清光绪三十三年）开湖建园，亦称鉴水轩。

种植园引河水，开凿机器井，架设西式提水风车；种枣树改良盐碱地；种棉花、马莲、秋葵、牡丹、芍药等为纺织、造纸和制药提供原料；种五谷、果树、莲芡，饲养牲畜、蜂群，放养鱼苗，以提高农作物和禽畜、鱼类品质。

当时，直隶农事第一试验场、农艺研究会和北洋气象观测站皆设于园内，这里是一座促进农业发展的田园游览园，实际上也是中国近代较早的国立农业试验基地。

1932 年经扩建改为公园，取诸葛亮名言“非宁静无以致远”之意，又因其为北宁铁路局所建，故取名“宁园”。

园中后增建 2000 米长廊，将水池亭榭、楼台馆阁串联成一体。宁园是全市规模最大的历史名园。

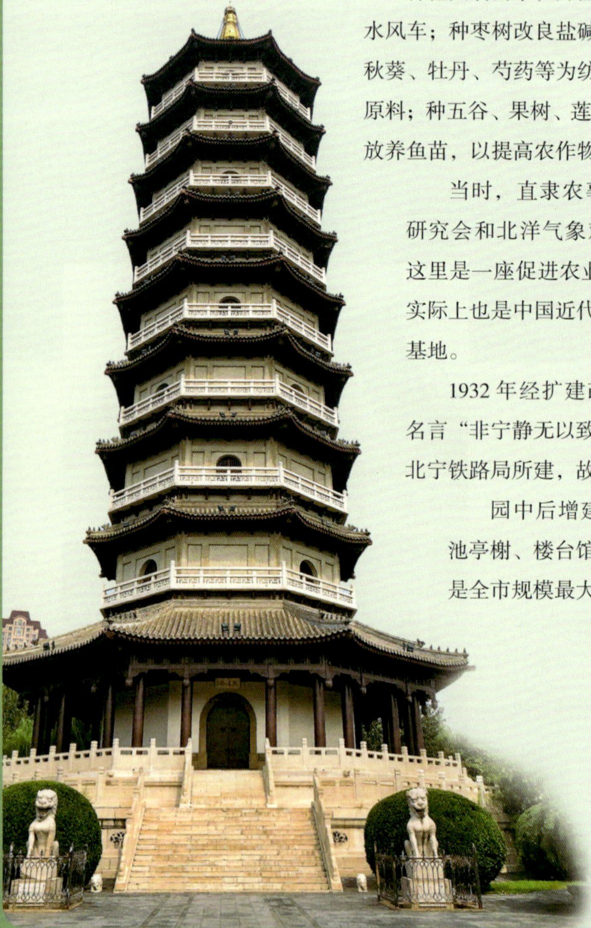

77 中山公园

“劝业会场”企望实业兴邦

地址：天津市河北区中山公园路 3 号

中山公园，1907 年（清光绪三十三年）建成，初名为“劝业会场”。那时正是企望实业兴邦的历史时期，所以园中建筑有译学馆、劝工陈列所、教育品参观室、教育品制造所等，还举办过劝业展览会。1912 年更名为天津公园，后又改称河北公园。

1912 年孙中山先生曾在公园发表宣传共和的演说。1928 年，为纪念孙中山先生，更名为中山公园。

1919 年天津各界人士在公园举行大会，声援北京“五四”爱国运动。李大钊、周恩来、马骏等都在此留下革命活动足迹。园内还有“十五烈士纪念碑”“魏士毅女士纪念碑”，记述了江震寰、魏士毅等先烈的英雄事迹。

公园目前有碑林展示区、红色历史教育区、中山铜像区等，景色各异，亭廊楼台古朴典雅。园中“津城书吧”还为市民提供了阅读空间。

78 民园广场

既体育锻炼　又旅游休闲

地址：天津市和平区重庆道 83 号

民园广场，其前身为民园体育场。

这里原为一片洼地，1902 年被划入旧英租界。租界工部局用疏通海河挖出的淤泥将洼地填平；1920 年，在空地建起围墙，修筑了木质和水泥看台，辟出田径场地和两个足球场。四周的 500 米跑道和西侧 200 米直线跑道，由奥运会短跑冠军李爱锐主持设计。

民园体育场当时是亚洲首屈一指的综合性体育场，万国足球会和万国田径赛皆在此举行。新中国成立后，经过改建，场内铺设了草坪，这里一度成为天津设备最好的灯光足球场。1951 年，全国第一次足球比赛在此举行，并选拔出首批国脚。1953 年，全国四项球类运动会也在此举行。

2014 年，民园广场在原体育场基础上建成，兼具体育健身、文化博览、旅游休闲功能。这里除了可以进行体育锻炼，还能让市民和游客在领略五大道风情时，感受一份温馨和悠闲。

79 水上公园

龙潭浮翠“小西子”

地址：天津市南开区水上公园东路

号称“七十二沽”的天津，以水为富。水生鱼虾，水养五谷，这里是知名的鱼米之乡，而此地最大的公园也在“水上”。

水上公园的前身，因取土制砖而积水成潭，潭水清碧见底，得名“青龙潭”。1951 年辟为公园，造亭阁，建曲桥，却不忘保住自然之美。

水是公园的主角，东湖、西湖、南湖占了五分之三的面积，尽可荡舟尽兴。春岛、夏岛、秋岛、冬岛和瀛岛镶嵌湖中，有数座石拱桥相连彼此，春桃柳风，夏荷吐艳，秋霜清宇，冬雪寒韵，风姿各异的景观区，变换着这里的“水上四季”。

你还可徜徉于绿树掩映的三条明清长廊、盆景园和水生植物园之中，也会有别样感受。要体验惊险刺激，可去游艺区。

风和日丽之时，登上眺远亭环目四望，天蓝如洗，龙潭浮翠，园中美景映入水中，倒映成双。“北方小西子”绝不枉担虚名。

80 抗震纪念碑

不忘灾难　铭记真情

地址：天津市和平区南京路 99 号君隆广场前

1976 年 7 月 28 日凌晨，唐山发生强烈地震。“地光闪射，地声轰鸣，房屋倒塌，地裂山崩。”地震波及天津，据《天津通志》记载：全市伤亡四万五千余人，67% 的房屋遭不同程度破坏……

灾难压不倒天津人民。人们很快从废墟中站立起来，积极自救互救。患难之际，人与人之间的真情与友爱，全国人民和解放军的支援，都给天津人留下了珍贵的记忆。

灾难不应忘记。1986 年唐山大地震十周年纪念日前夕，拟建抗震纪念碑并向全市征集方案，天津大学建筑系学生靳元峰的作品中选，纪念碑结构设计由天津大学建筑设计研究院承担。

抗震纪念碑呈金字塔形，三片拱立的碑体，寓意智慧、力量、前景展望；加上立柱共四个支撑，象征稳定、四面八方的支援；碑高 19.76 米，表示唐山大地震发生的时间——1976 年。

81 天塔

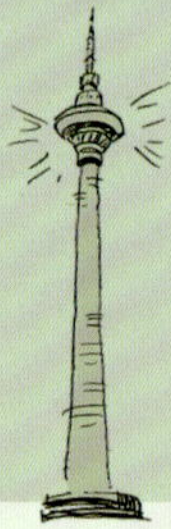

荧塔旋云遍览津城

地址：天津市河西区卫津南路 1 号

天塔，是天津广播电视塔，于 1991 年落成开播并开始接待游客。塔高 415.2 米，是当时亚洲第一高塔。

天塔坐落于 17.3 公顷如镜面般的天塔湖中央，冲天而起，耸立于碧波与云霄之间，有“荧塔旋云”之美誉，是世上少见的“水中之塔”。

看天塔不得不仰视，也正是得益于其身高，这里成了俯瞰津城的绝佳之处。乘电梯爬升至 266 米，就可进入状似飞碟、向外悬挑 13.5 米的旋转餐厅。坐在这里美滋滋地就餐饮茶，随着餐厅缓缓转动，方圆百里恢宏壮丽的天津风貌，便可 360° 无死角一览无余。从塔上的高倍望远镜里，你可以看到城市风光的每一个细节。

82 世纪钟

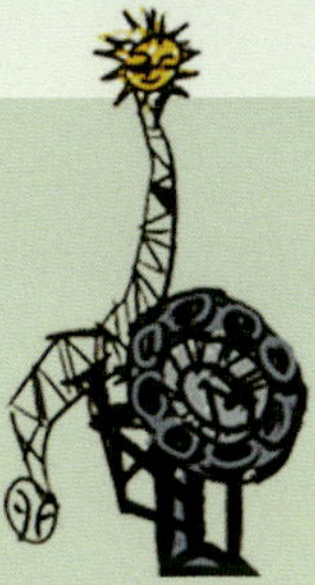

21世纪的城市新标志

地址：天津市河北区海河东路解放桥北侧世纪钟广场

世纪钟，2001年1月1日零时启用。它高40米，重170吨有余，是中国目前直径、重量最大的艺术立体钟。其古典与现代因素浑然一体，寓意时空延续，时不我待。

世纪钟直径14米；不锈钢制作的时、分针总重量180千克；常年承受时针、分针运转的机芯重98千克，设计寿命50年；大钟内30平方米的总控制室，安置了动力源及全部运行设备。

钟盘周围12个直径2.6米、重1吨的铸铜浮雕是12星座。白羊座在顶端12点处，羊在中国代表吉祥；天秤座放在下面6点处，秤代表公平，融合了外来和本土文化。钟盘侧面S形长杆，上顶贴金箔的太阳，下挂贴银箔的月亮，寓意阴阳交替，互始互终。太阳的光芒和月亮的光环，都在以每分钟3转的速度旋转，夜间也可以发光，让凝固的雕塑有了彰显生命力的动感。

世纪钟每天第一次报时，用的乐曲是《东方红》。

83 天津之眼

跨河摩天轮世界唯一

地址：天津市河北区三岔河口永乐桥上

“天津之眼”——永乐桥摩天轮，建于明永乐皇帝朱棣率军渡南运河之处（天津也因此得名），这是世界上唯一一座跨河的桥轮合一的摩天轮，兼具观光和交通功能。

上仰天子之渡灵气，下拥九河下梢风光，其奇思妙想、巧夺天工的设计，可称世界摩天轮建筑的一大突破。摩天轮直径110米，轮外挂装48个透明座舱，每舱可乘8人，可供384人同时观光，舱内舒适宽敞，有空调调节温度。这里依据季节不同安排观光时间。

摩天轮依靠电力驱动，匀速旋转，约28分钟旋转一圈。座舱到达最高处时，能看到方圆数十千米的景致，海河风光尽收眼底。

“天津之眼”摩天轮，是镶嵌在海河上的一颗璀璨明珠。

83

84 汉沽盐业风情游览区

七彩盐田　罕见景观

地址：天津市滨海新区大丰路 89 号

汉沽盐业始于后唐，盛于金，已有千余年历史。有“芦台玉砂”之称的优质盐品蜚声全国。这里古时刮土淋卤，铁锅煎盐，木板刮盐，清初日晒制盐，后出现加工盐产品，生产工艺不断进步，积淀了深厚的盐文化。

如今，盐业风情区内可展现现代化采盐、扒盐、输盐、洗盐和双臂机械堆盐等工艺流程，这里已成为人们了解制盐工艺的基地。

风情区内，高 6 米的观景台利用日晒海盐堆成，专门为大家提供登盐山体验。观景台上，可以看到结晶池、汉沽盐场古滩。最醒目的七彩盐田，是全国最大的海盐单池结晶区，占地 3.2 平方千米，有结晶池 195 个。卤水中含有“嗜盐菌”，它不仅能够促进产量，还能发挥净化卤水的作用，每年夏秋季节大量繁殖，使结晶池自然呈现红、黄、棕等不同颜色，是汉沽盐田富有特色的景观。

85 西井峪历史文化名村

先民智慧　享用至今

地址：天津市蓟州区渔阳镇

西井峪，是入选第一批“中国传统村落名录”的“中国历史文化名村”。村落四面环山，进村后人似在井中。

当初，先民选址建村，充分考虑了生产、生活的便利和安全。村子坐落于谷底的一块高地，四周即天然泄洪通道，从无水患之虞；村周围山坡多平缓，宜开垦梯田，直用到今天；日照好，风力适中，适种庄稼，当地所产小米、甜梨，曾是清代贡品；进出村只一羊肠道，还需经过狭长山洞，绝少匪盗之患，一直安宁；村东两处山泉常年不枯，挖水池蓄水，满足了人畜和农田之需。村南就有道教名山——崆峒山（又称府君山），可就近求得神灵保护，相传黄帝问道于广成子就在这里，今仍存广成子殿遗址。

如今，村庄格局与初始无异，用石头“平码”的老宅依山就势而建，或疏或密，高低错落。这里皮影戏、草编乡土古艺也传承了下来。

ME&CITY
LESS IS MORE
亨得利
波司登
销全球72国

陆

洋楼风貌

86 解放北路

“金融一条街”主营不改主人换

地址：天津市和平区解放北路

解放北路，原属两个旧租界。北段是旧法租界大法国路（今解放桥至营口道），南段是旧英租界维多利亚道（今营口道以南）。

19 世纪 70 年代，英租界修筑了当时租界的中轴线——中街，后将其命名为维多利亚道。

当年，随着天津成为对外通商口岸，西方银行也开始进入，最初不过数家，到了 20 世纪 20 年代，外资、中外合资和华资银行竟达数十家。在津设租界的有八个国家均开设了金融机构。金融行业相互排斥又相互吸引，于是使租界最早建成的维多利亚道和大法国路，成为金融一条街，这里甚至被称为“天津的华尔街”。

为显示自身的雄厚财力和博取客户信赖，这些金融机构的建筑，体量高耸宏大，外观坚实雄伟，内部装修富丽堂皇，至今风貌依旧，不过早已换了主人。

87 利顺德饭店

百年老店蕴近代史风云

地址：天津市和平区解放北路 199 号

利顺德饭店，是旧租界内外国人最早开办的饭店，曾几度扩建，是当时最豪华的旅馆。

据统计，历史上有二百余位中外名人曾在利顺德饭店下榻和活动。1898 年（清光绪二十四年），美国人胡佛（后任美国总统）常住于此，因骗购侵吞开平矿务局股权而发迹。1908 年，袁世凯恐政局不稳，潜逃至此。1912 年，孙中山北上过津下榻于此，接见记者，表示建设中国的愿望和决心。1915 年，蔡锷与梁启超共商反对袁世凯复辟帝制，也在这里住过。1929 年，张学良也于此小住……

1957 年，周恩来总理在利顺德饭店会见了波兰前部长会议主席西伦凯维兹。捷克前总统希罗基也曾下榻利顺德饭店。

利顺德饭店至今仍保留着当年的装修、陈设和器物。1925 年安装的奥的斯电梯，仍能正常运转。饭店还开设有自己的博物馆。

利顺德饭店，是天津唯一的浪漫主义建筑。

何谓浪漫主义？即“在于不像一个大都市的大旅馆的风格”。饭店沿街的建筑立面为通长的木质游廊，倒是颇具北欧田园建筑风貌。这样的建筑在全国也少有。

利顺德饭店始建于 1863 年（清同治二年），初为一座英式平房，作为简易货栈兼旅馆，人称“泥屋”，内部宽敞，夏天凉爽，冬天却冷得让人却步。1886 年（清光绪十二年）泥屋更换主人，随后改建成三层的豪华宾馆，名为“利顺德饭店”。1925 年又接建四层新式楼房，更为豪华气派。

利顺德饭店位于街角的楼房也颇具特色，造型稳重大方，舒展挺拔。方形角楼强化了竖向构图，外墙装饰丰富且手法简洁，运用了许多古典符号。

1976 年大地震，饭店遭严重破坏，外貌有所改变。后又经复原修建，于 2010 年重新开业。

现为全国重点文物保护单位。

88 解放北园

几度更名看时代变迁

地址：天津市和平区泰安道与大沽北路交叉口

解放北园，旧称维多利亚花园，是 1887 年（清光绪十三年）旧英租界工部局为庆祝英国维多利亚女王诞辰 50 周年而建，并以女王名字命名，俗称英国花园；抗日战争胜利后改名中正公园；新中国成立后更名解放北园。

早期花园只准侨民入内，华人进入则须经许可。公园在英国传统造园风格基础上，融入中国园林自由式布局手法。中国传统式六角亭建于公园中间，其

四周是一圈花池。以亭子为中心，有四条道路通向花园的四个角门。后来六角亭东面又建一小亭子，保留至今。

当年花园外道路一侧，建有旧英租界工部局乐队宿舍，乐手都是从苦力中招来的，通过学徒制度，取得队员资格。乐队指挥是外国人毕格尔。乐队以能演奏 100 个保留节目而著名。

89 原戈登堂遗存

仅存的“英国都铎”式建筑

地址：天津市和平区解放北路与沧州道交叉口

英国都铎式建筑——戈登堂建于1890年（清光绪十六年），二层砖木结构，铁皮坡屋顶，青砖墙面，锤式屋架。平面呈长方形。正面中间凸出一个多边形的门楼，两端有八角形三层塔楼。屋檐均用雉堞式的檐墙。入口处形成山形雉堞式檐墙，以突显主入口。底层窗用平弧券，二层窗用尖拱券。都铎式建筑墙体一般都用红砖砌，但戈登堂是用青砖砌的。

1976年唐山大地震时，戈登堂被震损，所幸解放北路还保留了一幢戈登堂附属建筑，包括消防车库，都有都铎式建筑的风格，入口还有一个具有英国中古时期建筑特色的四心圆拱券。这是我国唯一的都铎式建筑遗存。

戈登堂为旧英租界工部局大楼，是当时最大的对外通商口岸租界市政厅楼，是以英租界区域范围划定者、英国皇家工兵部队上尉查尔斯·乔治·戈登之名命名的。

90 原华俄道胜银行大楼

外墙贴近自然　大厅布局华美

地址：天津市和平区解放北路 121–123 号

原华俄道胜银行大楼建于 1900 年（清光绪二十六年），为二层砖木结构，屋顶采用具有文艺复兴时期建筑特点的圆穹顶，首层为圆拱券窗，二层为方窗，窗套顶为人字形，屋顶用巴洛克式曲线形尖山墙及弧形山墙，并有老虎窗。外墙贴黄色面砖，转角呈弧形，顶部设穹隆顶，上有小巧玲珑的采光亭。营业大厅宽敞明亮，布局华美，装修考究；整栋大楼气势恢宏，有浓郁的古典折中主义建筑风格特点。

1897 年（光绪二十三年），华俄道胜银行天津分行开业。该行在华大量发行纸币，从中获得巨额利息，严重侵犯了中国的主权。1926 年，总行因外汇投机失败而被清理，在华各地分行也随之倒闭，所发行巨额纸币皆成废纸，无数中国人因之倾家荡产。

91 原开滦矿务局大楼

“西洋古典复兴”显高贵

地址：天津市和平区泰安道 5 号

建成于 1921 年的原开滦矿务局大楼，是一座西洋古典复兴式建筑。

西洋古典复兴式建筑以银行、办公楼为多。建筑的基座、柱子、檐部比例基本按典型的西洋古典建筑比例建造。

建筑采用严格对称的古典三段式构图。正立面把底层作为台基，二、三层用 14 根 10 米高的爱奥尼克柱形成空柱廊，四层窗台以下作为檐部，四层为阁楼层。首层的大台阶直达二层大门入口。外形的庄严气氛，充分显示了开滦矿务局的财力与权力。从入口进入两层高的中央大厅，其中有 16 根红色青岛花岗岩柱子，柱头为精致的紫铜爱奥尼克柱头，使中央大厅显得格外高贵。

开滦矿务局由开平矿务公司（其前身为开平矿务局）和滦州煤矿公司于 1912 年合并而成。开平矿务局于 1878 年（清光绪四年）在天津创办，是中国第一家实行机械化采煤的近代煤矿，其产权后被英国骗取。开滦矿务局总部曾长期设在天津。

92 原中南银行大楼

整体朴素　集中装饰

地址：天津市和平区解放北路 88 号

20 世纪初期，建筑技术飞速发展，但西洋古典建筑形式很难适应钢筋混凝土结构的建造，故欧洲各国纷纷简化古典建筑形式。

1922 年建的原中南银行大楼，就是采用了钢筋混凝土的框架结构，又受欧洲探新运动的影响，把古典建筑的部件加以简化，是一座具有新古典主义精神的建筑。

这座建筑以半地下室作为台基，一、二层作为柱身，二层顶部作为檐部。柱子呈半圆形，取消了柱头，柱础也只是一块八角形的小平板，柱墩也呈八角形，檐口出檐很小，檐壁也没什么装饰。二楼顶部外面罩着一个黄铜的镂花穹顶，是受了维也纳分离派的“整体朴素，集中装饰”的影响。1938 年增建三层阁楼时，用千斤顶把铜镂花穹顶顶到了三层屋顶上。怎奈马路较窄，很难看到镂花穹顶了。

中南银行是印尼华侨黄奕住和当时的北京交通银行经理胡笔江创办的。银行名取中国与南洋华侨合作之意。

93 原汇丰银行大楼

雄伟庄重又富丽堂皇

地址：天津市和平区解放北路 82 号
（现为中国银行天津和平支行）

原汇丰银行大楼建于1925年，分主楼和后楼。主楼为西洋古典式三层建筑，石筑基础，高台阶。东入口处有 4 根对称的爱奥尼克柱，上为檐部及山墙。南侧有偏门，衬托着 8 根爱奥尼克柱。各入口处均为花饰铜大门，整体外观雄伟庄重又富丽堂皇。厅内对称布置天然大理石圆柱 16 根。营业大厅屋顶采用井字梁，铺设钢丝网玻璃，采光性能良好。

原汇丰银行是天津被迫开埠后，第一家落户的外资银行。从 1881 年（清光绪七年）成立，到 1941 年被日军接管，其一直主宰着天津金融市场。该行宣称“为客户绝对保密”，一些手持不义之财的人纷纷来此存钱。北洋政府曹锟存款时，双方约定凭其弟弟曹锐的亲笔签名提款。后曹锐自杀，曹锟提款时，银行以没有曹锐签名而拒付。

93

94

原麦加利银行大楼

花盆短柱铁索形成小环境

地址：天津市和平区解放北路 153 号

（现为中国邮政集团公司天津市和平区解放北路邮电支局）

原麦加利银行大楼建于 1925 年，为西洋古典复兴式的二层钢筋混凝土结构，平面布局近平行四边形，整体建筑宏伟庄重。大楼基础用花岗岩砌筑，正门台基之上有 6 根高大的爱奥尼克圆柱，南侧立面设 6 根附壁柱。外墙壁为长方形水泥砌块；钢门窗，入口处有一旋转门。门外台阶两侧各有一个西式大花盆，花盆外为水泥短柱，以粗铁索连接成栏杆，成为一个小的环境，显得华丽典雅。营业大厅为 L 形，宽敞明亮。

麦加利银行（亦称渣打银行）创办于 1853 年（清咸丰三年），总行设于伦敦，是英国皇家特许开设的殖民地银行。天津分行开业于 1895 年（清光绪二十一年）。

94

95

简洁稳重　装饰讲究

原中央银行天津分行大楼

地址：天津市和平区解放北路 117–119 号（现为中国人民银行天津分行）

原中央银行天津分行大楼建于 1925 年，原为中华汇业银行。大楼为西洋古典复兴风格建筑，砖混结构，三层。正入口设于首层中央，两侧各排列四根类似爱奥尼克柱，承托檐部。三层作为阁楼层。营业大厅宽敞明亮，装修考究，大厅顶部用简洁的玻璃顶，是受维也纳学派的影响。二层大厅用爱奥尼克圆柱支撑。二层会议室内部装修讲究，全部采用高级硬木雕饰，用类似爱奥尼克木雕圆柱支撑，圆柱旁有木雕方壁柱，墙面用高级硬木护墙板，顶棚周边用齿饰等装饰，衬托出精细的木藻井。阁楼层用作职工宿舍等。整个建筑简洁稳重。

中央银行成立于 1928 年，为国民政府所建，是天津最早的国家金融机构，天津分行于 1931 年开业。

96 原横滨正金银行大楼

结构巧妙　机械通风

地址：天津市和平区解放北路 80 号

原横滨正金银行大楼建于 1926 年，为钢筋混凝土框架结构，四层西洋古典复兴式建筑。

大楼入口中央为铜面金属板大门，正立面设 8 根科林斯式巨柱，花岗岩墙面，建筑整体稳重、华丽。建筑平面为矩形，功能分区明确。首层营业大厅有 300 平方米。该楼的特点是结构非常巧妙，大厅顶部有机械通风设备，利用营业柜台下管道，将地下室内经过天然冰冷却的空气排入大厅，这在当时是非常先进的。大厅顶子采用在井字梁内嵌彩色玻璃照明，既美观又可满足采光需求，使大厅洋溢着典雅高贵的气氛。

横滨正金银行天津分行是在天津落脚的第四个外商银行，在日本侵华战争中扮演了不光彩的角色。

97 原盐业银行

保护国宝金编钟有功

地址：天津市和平区赤峰道 12 号

1928 年，利用盐款税收筹股建立起来的盐业银行，在移建天津旧法租界时，特意在楼道窗户上使用彩色玻璃，镶拼成开滩、晒盐、运盐等制盐流程的图画，可见盐文化在天津的源远流长和影响之深。

早在 800 多年前，原三岔河口一带曾是盐场，这里“人得安业，盐如山积”。元代直沽人口的集中与此有密切关系。明代开始，天津盐产区向沿海滩涂扩展，“引岸专销”制度让商人获巨利发家。他们为进入主流社会而积极介入文化界，促进了天津文化的提升和发展。

清王室被赶出紫禁城后，溥仪为借款抵押的国宝金编钟，归了北京盐业银行，后被悄悄运至天津盐业银行，藏在库房夹层，惹来日本特务、警察等多次查寻。天津盐业银行经理陈亦侯与四行储蓄会经理胡仲文见状商议后，冒死转移保护了金编钟。天津解放后，他们将完好无损的金编钟交给了天津军事管制委员会。

原盐业银行大楼是一座有所创新的西洋古典复兴式建筑。

与原开滦矿务局大楼不同，盐业银行的 6 根柱子是古罗马混合式的。设计者是留学意大利的中国建筑师沈理源，他在设计中吸取西洋古建筑精华，结合中国传统特色加以创新，把混合式柱头上的圆卷涡改成方回纹。

建筑主入口为通高神庙式门厅，正立面用 6 根巨柱支撑形成开敞长廊，墙面为水刷石饰面，饰以精美雕刻，气势宏伟，装饰丰富，脚线细腻，富丽堂皇。

盐业银行大楼作为天津唯一的近代建筑实例，被收入西方著名学者弗莱彻爵士所著《建筑史》一书。

盐业银行创办于 1915 年，总行设在北京，同年天津分行开业，与金城、大陆、中南三家银行并称“北四行”。

现为全国重点文物保护单位。

98 百福大楼

驶向海河的“帆船”

地址：天津市和平区解放北路 3 号津湾广场 A 栋

98

百福大楼建于 1926 年，法文原意为“漂亮的建筑”，在天津很有知名度。

百福大楼矗立在万国桥（今解放桥）头，当年从老龙头火车站进入旧法租界，一眼就会看到它。其西立面五层坡顶处挺立着四个梯形山墙，北面还有一个山墙，好似船帆。北端屋顶竖立起一根 10 米高的金属杆，如同高高的桅杆。整座建筑像是一艘乘风破浪驶向海河的帆船。大楼与海河构成一个别致的景观，是象征主义的代表作。

百福大楼是写字楼，在当年的租用者中，英国卜内门公司最有名，该公司在 20 世纪初几乎垄断了中国纯碱市场。1918 年，范旭东在天津创办永利碱厂，生产出高质量的“红三角”纯碱，打破了卜内门的垄断。卜内门公司一次次对永利碱厂施压并企图吞并，都无济于事。

99 原法国公议局大楼

布局严谨对称　形体富于变化

地址：天津市和平区承德道 12 号

原法国公议局大楼是一座西洋古典复兴式的办公大楼。

大楼由主楼、配楼组成。主楼又分为中间部分和左右两翼。中间部分正中为两层，两侧为四层；左右两翼各为三层。正立面是对称结构，造型稳重壮观，布局严谨对称，形体富于变化，于 1931 年建成。

法国公议局是法国在津租界内的最高管理机构，下设工程、捐务、会计三处。工程处管法租界内全部土木建筑工程，并有审批图纸和检验工程质量的权力；捐务处管法租界内房地产、营业捐税和特种捐税的征收；会计处管法租界内的一切财务收支。

1945 年 10 月 6 日，天津日军投降仪式在法国公议局大楼前举行。

现为全国重点文物保护单位。

100 原中法工商银行大楼

廊柱弧形排列　顶部装彩玻璃

地址：天津市和平区解放北路 74–78 号

原中法工商银行大楼建于 1933 年，为钢筋混凝土框架结构，四层文艺复兴风格的楼房，分为主楼和配楼，弧形走向排列 10 根科林斯式巨柱，构成宏伟柱廊。外墙为水刷石。大厅内采用黑白相间马赛克地面和仿石砌墙壁。营业大厅豪华典雅，宽敞明亮，地面为淡黄色的水磨石。柜台内侧设置西洋古典圆柱 6 根、方柱 2 根，顶部装有彩色玻璃采光照明。

原中法工商银行是天津首家中外合办银行，前身为中法实业银行，组建于 1913 年，1923 年改组为中法工商银行，总行设在法国巴黎，1925 年天津分行开业。其营业大楼建成后，经过几次增建，才成了今天所见到的模样。

101 原安里甘教堂

多重砖券　朴素典雅

地址：天津市和平区浙江路 2 号

原安里甘教堂，为哥特式风格的砖木结构平房。哥特式风格主要用于教堂建筑。教堂的窄长尖券与钟楼在视觉上都给人以向上冲的感觉，会使教徒们联想到天堂和上帝。

安里甘教堂能容纳 300 人，平面布局为集中式，呈拉丁十字形，中厅及两个侧廊之间用尖券连拱廊分隔。屋面用牛舌瓦，屋顶用英国锤式屋架支撑，十字交叉处有小尖塔，侧廊上有厢座。外墙开窄长尖券窗，青砖清水墙面，墙面以联排券柱和砖雕花饰作装饰带。门、窗均有多重砖券，朴素又不失典雅。教堂于 1903 年（清光绪二十九年）建成，1935 年毁于火灾，1936 年重建。

安里甘教堂由旧英租界工部局筹建，是英国基督教安里甘教派信徒礼拜之所。

102 利华大楼

方圆结合　高低错落

地址：天津市和平区解放北路 116 号

20 世纪 30 年代，受现代建筑思潮影响，很多原来设计古典主义、折中主义建筑的设计师，也开始设计现代式建筑。

利华大楼建于 1937 年，是天津最早的具有现代技术和功能的高层建筑之一。主楼 10 层，高 43 米，钢筋混凝土框架结构。主楼外墙采用深棕色麻面砖贴面，稳重大方。建筑采用非对称式构图，用了大量圆弧形玻璃窗，成为方圆结合、高低错落的现代建筑范例。大楼的设计师慕乐在此之前，还设计了另一座具有现代建筑风格的建筑——秀丽挺拔的渤海大楼。

利华大楼由瑞士籍犹太人李亚溥投资兴建。他于 1925 年来津，两年后开办利华洋行，后又成立以“利华”为名的公司。这座兼具办公、住宅性质的新楼在起名时，用的还是“利华”。

103 意式风情区

老历史街区焕发青春

地址：天津市河北区意式风情区

意式风情区，曾是旧意租界，在1902年（清光绪二十八年）开始规划建设时，临街建筑就不允许雷同，因此这里的房子多姿多彩，大街小巷整齐美观。

广场是意大利城市风貌特征之一。旧意租界在两条主干路交会处就建有马可·波罗广场。环绕着广场的是具有独特风格的三组建筑，每组建筑以高低错落的角亭采用的是圆柱还是方柱区分。其他建筑也多采用高低拱券、穹顶塔楼等，有古罗马建筑稳定、平展、简洁的风格。就连摩登式楼房原回力球场，入口门厅处也建有罗马式角楼。

梁启超旧居、曹禺故居和过往政客、军阀居住过的公馆，也为旧意租界留存下别样的历史印痕。

意式风情区的重新开发使这个老的历史街区焕发青春。

103

104 马可·波罗广场

“和平女神”再莅海河之滨

地址：天津市河北区民族路与自由道交叉口

马可·波罗是意大利著名旅行家，13世纪来到中国，曾在元朝做官，其口述见闻汇为《马可·波罗行纪》。该书生动记载了当时东方各国的历史和社会状况，引起欧洲殖民者对这片富庶之地的垂涎。

当年，旧意租界设立后，以马可·波罗广场为中心进行规划。从1908年（清光绪三十四年）起，对四周着手建设，先是建了一个花园，后建了几座小洋楼。

1924年，在圆形广场中心立起由意大利著名雕塑家设计的纪念马可·波罗的石柱。柱顶为手持橄榄枝的“和平女神”像，基座四周嵌刻了马可·波罗浮雕头像。所有组件都是在意大利制作，并经由上海运抵天津的。现雕塑为2001年按原比例重新竖立的。

广场旁原回力球场，于1934年在花园原址建成，是个以竞技表演为名的大赌窟，因乌烟瘴气，贻害社会，于1947年被勒令停业。新中国成立后，这里曾被改建为第一工人文化宫。

广场及其西南面楼、西北面楼、东北面楼形成的“马可·波罗广场建筑群”，现为全国重点文物保护单位。

105 带方塔楼住宅

第二帝国风格的意大利式建筑

地址：天津市河北区民族路与自由道交叉口马可·波罗广场周围

旧意租界不少带塔楼的住宅，如马可·波罗广场周围的住宅，属于 1837 年至 1901 年流行于意大利的第二帝国风格的建筑。

从 1908 年（光绪三十四年）起，在民族路和自由道交口建的花园附近盖了一座小洋楼后，又建了数座小洋楼，每座小洋楼均为两层。

这种风格的建筑是从意大利文艺复兴时期的府邸演变过来的，其特点就是平房顶，屋檐出挑很大，用装饰性很强的檐托与牛腿支撑着；门窗都呈窄长形，一般都有柱间高长的塔楼，屋顶四周都有装饰性的栏杆。

106 袁氏旧宅

逃生暗道从屋顶通达海河边

地址：天津市河北区海河东路 39 号

袁氏旧宅建在海河北岸，住宅风貌明显可见，建筑有尼德兰式风格。主楼三层（附楼二层），红瓦坡顶，混水墙面，造型独特，装饰繁多，有荷兰滨水建筑特征。入口处有四层八角形塔楼，坡顶上有采光亭。首层大客厅处有柱廊，廊柱上也有一个八角形塔楼。高坡顶，层层都有带曲线的尖山墙。楼内设隐身处和逃生处。逃生暗道上通屋顶，下达海河边，布局独特。立面面向海河，寓意财源滚滚而来，设景观房和风水窗，可观四时风景。

袁氏旧宅建于民国初年，是袁世凯族侄袁乃宽为其督建的住宅，未及完工，袁世凯已亡，其妾闵氏曾携眷居住于此。

袁乃宽曾参与袁世凯复辟活动，一度出任农商总长，去职后寓居天津。

107 易兆云旧居

装饰纹样中西交融

地址：天津市河北区民族路 50–54 号

易兆云旧居建于民国初年，整体为意大利风格。其在使用西方绘画中的构图手段的同时，对中国传统装饰纹样也做了重新定义。

易兆云旧居简化了西方古典建筑中繁复的柱式装饰，将中式木柱柱础的基本形态组合在立柱底部，使得意式的优雅柔美与中式的大气中正相互穿插，完美结合。一层窗户上方以梅花浮雕为主要装饰，多处窗楣为洛可可式造型，内嵌梅花卷草浮雕纹饰，窗户下方为西方古典宝瓶石栏杆。一、二层窗户间在多条凹凸脚线下端做仰覆莲花瓣浮雕装饰，与其他中西纹样用平行脚线贯穿。

墙面顶端檐口下饰有二方连续葫芦和蔓带纹石雕，纹样中间穿插欧洲古典叶纹，将“福禄万代”与受人敬仰的寓意赋予整栋建筑，二者组合方式生硬，具有那个时代的特征。

易兆云，曾任中华民国北京政府陆军军需监。

108 孟氏家庙

外墙西洋式　内宅四合院

地址：天津市河北区博爱道 12 号

中西合璧的孟氏家庙建于1912年，作为谦祥益绸缎庄店主孟养轩的家庙、住宅和货仓使用。沿街建筑是平顶屋，外墙用到了西洋的方壁柱，檐口下有齿饰，上有带墩子的女儿墙。沿街阳台栏杆细部饰有受欧洲新艺术影响的铁花图案。

进入该宅，里面却是一个较高大的中国传统四合院。院中回廊的栏杆和楣子的细部却是西洋风格的，而楣子下的花牙子又是中国传统式样的。三层窗子用圆拱券，窗棂子的分割是西洋式样的，可见中西建筑文化的交融。

孟养轩，1917 年开业的保记谦祥益绸缎庄创始人。该绸缎庄经营绸缎、布匹、呢绒、皮货生意，别处买不到的，这里全都有。旧址位于估衣街，店堂里 18 根 15 米高的美国松柱子矗入穹顶，蔚为壮观，店堂两侧墙上 5 平方米的厚玻璃镜，可看到店堂内任何部位。该绸缎庄可以说是我国本土最早的一种大型商厦。

109 五大道

称“道”并非道路名

地址：天津市和平区民园广场

“五大道”并非正式地名，只是流传甚广的一种俗称。“五大道”也并不仅指五条街道，而是指旧英租界内的一个以五条主干道路为主组成的风格独具的街区。它包括纵横的 23 条街道，面积达 1.28 平方千米。其主干道路是重庆道、常德道、大理道、睦南道、马场道。

作为中国历史文化名街，五大道拥有 20 世纪二三十年代建成的、体现欧洲不同历史时期建筑风格的花园式和公寓式楼房 2000 多所，其中被天津市政府列为不同等级历史风貌建筑的小洋楼有 423 处，它们共同构成了“近代居住博物馆”。

民国时期，五大道一度成为下野政客的避风港，留下了一座王府，两任总统、七任总理，共百余位总长、督军与省市长等民国要员以及美国前总统胡佛、五星上将马歇尔等国内外知名人士的数百座名人旧居，成为中国近代百年历史风云变幻的见证。其中，39 处名人旧居被列为国家级文物保护单位。

110 刘冠雄旧居

寄托深深海军情怀

地址：天津市河西区马场道 123 号

刘冠雄旧居建于 1922 年，为象征主义建筑，砖木结构三层楼房，建筑立面的清水红墙与混水线条装饰相搭配，造型活泼、清新。室内装饰豪华、大气，使用功能齐全。地震时，楼顶上塔楼被震塌。

刘冠雄旧居原本三幢。中楼形似海军旗舰的上部造型；西楼为巡洋舰造型；现存的南楼为双筒望远镜造型，望远镜是立着放的，从空中俯瞰方能看出模样。楼的造型体现出主人的海军情怀。

刘冠雄，毕业于福州马尾船政学堂，留学英国，回国后任北洋舰队“靖远”舰帮统；1894 年（清光绪二十年）参加中日甲午海战，痛击日舰；辛亥革命后，九次出任海军总长，后寓居天津。

111 汤玉麟旧宅

意大利文艺复兴式府邸

地址：天津市河北区民主道 38 号

汤玉麟旧宅有意大利文艺复兴时期府邸风格，为二层平顶楼房。平面布局严谨对称，立面装饰丰富，做工精美，开窗形式多样。底层为深宽缝的仿花岗岩砌块，入口大门为圆拱券门。二层中央有三个连拱券门，用类似混合式柱子支撑。前面是带有瓶式栏杆的阳台。檐口出檐较大，用檐托支撑，檐壁上部用了洛可可雕饰。主楼西侧另建有单层舞厅，为彩色玻璃顶。

主体建筑建于 1922 年，原为北洋政府交通总长吴毓麟建造的住宅，后卖与汤玉麟。

汤玉麟曾参与张勋复辟活动，1919 年回奉天任东三省巡阅使署中将顾问、镇守使；1934 年底来津，购豪宅寓居 15 年。

111

112 庆王府

中西合璧显风采

地址：天津市和平区重庆道 55 号

一幢建筑里，既有西洋的风格，又有中国的形式；既在中国建筑形式中采用西洋建筑的细部装饰，又在西洋建筑形式中采用中国建筑材料及雕饰手法。庆王府就是这样中西合璧的建筑。

庆王府为三层砖木结构。二、三层四周有类似爱奥尼克柱式的空柱廊，但柱间距却采用了中国建筑的宽间距，转角处柱间距较窄，犹如中国古建筑中的稍间。三层影堂内部有雕刻精美的中国木雕罩子。宅内中央大厅两层高，有围廊通向周围的房间。大厅可供婚丧大礼及演出用。

庆王府外墙是清水青砖墙。楼东有大花园，布置有假山与小石桥，假山上筑有中国传统的六角亭，亭北却是有西洋古典雕饰的喷水池。

该建筑是清朝太监总管小德张于 1922 年设计建造，1925 年庆亲王载振从小德张手中购得此宅。

现为全国重点文物保护单位（天津五大道近代建筑群建筑之一）。

孙氏旧居，是西班牙式别墅住宅，建于1931年，有主楼、配楼两栋建筑，房子只占院落面积的四分之一。院落西南角有一高台，为休息望景处。水波状的白色拉毛外墙、钢窗、红筒瓦都颇有特色。

院内主楼在前，为三层白楼，平面呈凹字形，正立面为对称式，外挑长廊，方铁栏杆。立面为琉缸砖清水墙面，两翼有三角形坡顶，白色粉墙与赭色木结构形成了强烈对比，洋溢着家庭生活中特有的温馨气氛。主楼后面的配楼为灰楼，分设于东西两翼，二层平顶，与主楼一起形成了和谐统一的整体。庭院里绿草如茵，繁花似锦，佳树浓郁，勾勒出一幅欧式田园风光。

新中国成立后，这里曾为天津市政府招待所，后改为和平宾馆。毛主席、周总理等许多领导人来津曾在此下榻。

该住宅的主人孙震方为清末民初新兴家族实业集团的安徽寿州孙氏后人。

现为全国重点文物保护单位（天津五大道近代建筑群建筑之一）。

113 孙氏旧居

“西班牙别墅”现田园风光

地址：天津市和平区大理道66号

114 原天津工商学院主楼

孟莎穹顶覆“鱼鳞”

地址：天津市河西区马场道 117 号天津外国语大学内

原天津工商学院主楼是带有孟莎式屋顶的法式建筑，1925 年建成。混合结构三层楼房，红瓦坡顶，清水砖墙。建筑平面对称，立面强调古典构图原则。楼顶的法国孟莎结构屋顶上，覆鱼鳞式瓦片。教学楼西侧设有小教堂，采用半穹顶结构，独具特色。

天津工商学院为法国天主教会创办的一所大学，筹建于 1920 年，初名天津工商大学；1933 年改名为天津工商学院，校训为“实事求是”；1937 年增设建筑系，为天津建筑教育之始。著名建筑师沈理源、阎子亨、陈炎仲及慕乐均曾在此任教。1970 年改为天津外国语学院。

现为全国重点文物保护单位。

115 原英国乡谊俱乐部主楼

英国田园风格的建筑

地址：天津市河西区马场道 188 号

原英国乡谊俱乐部建于 1925 年，又称新英国俱乐部。俱乐部包括剧场、舞厅、室内游泳池、乒乓球室、保龄球室等多项游乐设施，是外国侨民和上流社会人群娱乐消遣的场所。1941 年太平洋战争爆发后被日军占用，改名为“国际俱乐部”。1945 年日本投降后改为美军的“军官俱乐部”。

该建筑为混合结构庭院式二层楼房，建筑立面呈对称形式，造型稳重，红砖饰面朴素大方。内部装饰精美实用，各项娱乐设施功能在当时的天津首屈一指。乡谊俱乐部坐落于原英国跑马场内，周围园林景观优美，建筑具有浓郁的英国田园风格。

116 香港大楼

公寓功能至今不落后

地址：天津市和平区睦南道 2–4 号

香港大楼建于 1937 年，为公寓式住宅楼，当时多为社会名流及中产阶级居住。

该建筑为混合结构楼房，平面呈 L 形，按以“起居室”为中心的现代生活方式布局，主要房间设在东面和南面，利于日照和采光。功能合理，设施齐全，转角窗的处理展现了先进的结构设计理念和技术。其设计的功能至今也不落后，厨房、卫生间乃至室内木地板、木楼梯、壁炉、水磨石地面等保存较好，仍在使用。

大楼立面结构简洁大方，既独具韵律又富于变化。清水与混水墙面相互对照，比例适中，形成独特的立面肌理，具有明显的现代建筑特征，在当今许多建筑中，仍能找到类似的立面设计手法。

中心公园建成于1922年，位于旧法租界核心区，旧称“法国花园”。公园呈正圆形，半径65米。公园外侧有一圈道路——花园路，旧称霞飞路，路外侧建有多座欧式小洋楼，均为名人居所。

公园中心原有一座西式八角双柱石凉亭。以凉亭为中心向周围辐射的六条道路，与公园外的六条道路连接。在辐射道路之间，种花植草。它是典型的法国规则式人工园林。

最初，花园南端有“和平女神”的铜像，其右手持剑，剑尖朝下，左手握剑鞘，做将剑入鞘状，意为刀枪入库，和平到来。“七七”事变后，铜像被日军熔化，用来制造炸弹。1995年，和平女神像原址竖立起抗日英雄吉鸿昌的塑像。

后来，公园改造时，中心石亭也一度被拆除。如今的中心公园已按照原貌修复。

117

117 中心公园

半径65米正圆形园林

地址：天津市和平区花园路

118 章瑞庭旧宅

厅内喷水池　玻璃拼图画

地址：天津市和平区花园路 9 号

章瑞庭旧宅建于 1922 年，砖木结构三层楼房，混水墙面。首层前廊入口处为半圆形花厅，上设透明玻璃顶，玻璃窗上有用彩色玻璃拼镶而成的风景图画。厅内有喷水池，设施豪华。屋顶为红色孟莎式，造型独特，虚实对比鲜明。外檐的古典宝瓶栏杆精美得当，具有古典建筑风格。

章瑞庭，天津人，著名实业家。因得小站练兵军官资助，他开办了军衣厂，为小站及各派系军阀供应军衣，积累了雄厚的资金后，开办恒源帆布工厂和纺织股份有限公司，并接办北洋纱厂。他曾资助南开学校教育基金十万元，该校特将礼堂命名为瑞庭礼堂。

119 国民饭店

多次作为党的活动点

地址：天津市和平区赤峰道 58 号

国民饭店建成于 1923 年，为西洋古典折中主义建筑。在当时其所在的这一带还没有什么高层建筑，它鹤立鸡群，令人耳目一新。饭店曾多次接待从事革命活动的共产党人。

1926 年，中共中央决定召开中华全国铁路总工会第三次代表大会，租用国民饭店开会 10 天，作出了一系列发展职工运动的重要决议。

1934 年 11 月，中共秘密党员吉鸿昌与爱国将领任应岐在国民饭店设联络点，策划抗日反蒋军事行动。国民党特务潜入饭店刺杀二人未遂，又出重资向法租界引渡二人，并将他们押解到北平杀害。

1936 年 9 月，中共地下组织租用国民饭店临街铺面，开设“知识书店”，传播革命书刊，一时读者如潮。

1938 年，天津地下党与冀东党组织多次在国民饭店接头，商议发动群众，配合八路军挺进冀东抗日，后在冀东拉起十万人抗日武装队伍。

119

120 劝业场商业街区

繁华依旧　不改当年

地址：天津市和平区滨江道与和平路交叉口

劝业场商业街区，崛起于20世纪20—30年代，一直繁华至今。

在滨江道与和平路交会的十字路口，1925年浙江兴业银行落成，1928年劝业场和交通旅馆建成开业，1930年惠中饭店落成。附近还有于1924年和1927年建成的天祥商场和泰康商场，中国大戏院、光明电影院、华清池等几十家影剧院、舞厅和浴池，与一个集购物、娱乐、休闲、餐饮于一体的新商业形式的到来，遂使这里成为天津，乃至华北地区最繁盛的商业区。

21世纪初，滨江道、和平路经过改造，形成“金十字”，取名“金街”。路口交叉处的地面镶嵌了巨型大铜钱“和平聚宝”，路人抚摸踩踏，以求好运；洋马车铜雕，也成了游客拍照时的道具。

“劝业场”的繁华地区还在不断扩大，早已漫过滨江道，及至南京路上了。

121 劝业场

不到此逛逛等于没来天津

地址：天津市和平区和平路 290 号

劝业场是一座西洋古典折中主义建筑，1928 年建成，是当时华北地区最大的百货商场，一度是天津的象征。人们都认为，到天津不逛劝业场等于没来过天津。

博采众收是劝业场写在中国商业史上的精彩。那包容不仅在于商家，五行八作，百货齐备，而且实行“商铺出租，娱乐自营”，听京剧的“天华景”、看曲艺的“天会轩”、听评剧的“天乐”、看电影的“天宫”、品香茗的“天露”茶社，再加上“天外天”屋顶游艺场、打球的两个“天纬”，商场里有这“八大天”。柜台、舞台、消闲等多种经营业态组合，开创了天津现代商场的运作新模式。

劝业场两大股东是井陉煤矿买办高星桥和庆亲王载振。载振当年出访英、法、美、日后，提议振兴商业。清廷设立商部，任他为尚书——中国历史上第一个商业部部长。晚清新政，“劝业”是重要口号，他正管“劝业”。商场建在旧法租界，却拒绝以“法国商场”命名。叫什么？载振的阅历说了话：就叫“劝业场”。

121

现为全国重点文物保护单位。

122 交通饭店

为旅客服务匠心独运

地址：天津市和平区和平路 239 号

1928 年岁末，西洋古典折中主义建筑交通饭店与其斜对角的劝业场同时拔地而起。

交通饭店原称交通旅馆，其在开业前打出广告称：特备公共汽车往来车站码头接送旅客。当时这让人颇感好奇，于是《北洋画报》记者前去采访，总结出该旅馆的四大特色：

其一，每层楼均设供旅客浏览的阅书报处，为私营旅馆中不常见；其二，床被用丝绸制作并随时消毒，床屉有钢丝弹簧的、钢条的、藤制的和木板的，供旅客选用；其三，设有西餐厅，由比利时厨师专制西餐，中菜则由致美斋大厨烹制，大礼堂内夜间放映电影；其四，遇有宴会婚礼，礼堂可租用，礼堂后身另设卧室、厨房、男女仆人房各一，专为远道来津结婚者使用。

如上特色不但在当年津城堪称第一，即使今日，亦属匠心独运。

123 渤海大楼

曾是俯瞰城市的制高点

地址：天津市和平区和平路 277 号

建成于 1936 年的渤海大楼，代表了那一时期天津的“城市海拔”。这座现代风格的建筑为钢筋混凝土框架结构，八层往上，逐层内收。登楼至顶，为一方形云亭，曾是能够俯瞰整个城市的制高点。渤海大楼通体贴饰褐色麻面砖，从视觉上给人以安详稳重之感，加之以玻璃窗串联的白色竖条，形成挺拔向上的造型效果，高而且美，它曾成为津城标志性建筑。其首层临街开店铺，楼上设办公室租用房，是当年的带底商的写字楼。

渤海大楼的投资者，是铁匠出身的德商买办高星桥。他也是劝业场的股东之一。劝业场之名得自其合作者庆亲王载振的提议。二人再次合股，渤海大楼的称谓则来自高氏家族——大楼由高星桥之子高渤海经营，于是人名成了楼名。

1966 年渤海大楼更名为人民大楼，1979 年恢复原称，大楼的名称见证了时代变化。

柒

名人居所

124

革命先行者鞠躬尽瘁

孙中山北上在津期间居住地

地址：天津市和平区鞍山道 59 号

张园，一座带塔楼的罗马风格建筑。其主人张彪，清末武举出身，曾任湖北标统、提督，于 1915 年至 1916 年修建了这座豪宅，名为“露香园”，俗称“张园”。

伟大的民主革命先行者孙中山，一生中曾三莅津门，都是中国近代史上的重大事件。1924 年 12 月 4 日，他应冯玉祥等人邀请，北上抵津，下榻张园。这是他最后一次来津。

孙中山在张园住了 27 天。据粗略统计，他在此仅以大元帅名义给部下发出的指示、训令等达 118 件；接待的各界代表，见诸报端的 68 人；发出了长文《孙中山抵津后之宣言》，草拟了建国意见 25 条。他当时虽然已是肝癌晚期患者，但为了结束军阀混战的局面，使中国早日和平、统一，仍是日夜操劳，真是鞠躬尽瘁，死而后已。

125 李叔同故居纪念馆

“光景宛如昨”

地址：天津市河北区海河东路与滨海道交叉口

李叔同，我国近代文化史上熠熠生辉的人物。

李叔同年轻时即为“津门才子”，诗文、书法、金石无一不精。26岁东渡日本留学，从固守传统文化的儒雅学子，一变而为西洋艺术的狂热追求者，成为最早把西方绘画、音乐、话剧引进国内的文化先驱。31岁归国任音乐、图画教师，桃李盈门。39岁剃度出家，法号弘一，后被佛门尊为“南山律宗第十一代祖师”。

李叔同一生做事认真，从艺锲而不舍，执教诲人不倦，皈依绝尘彻悟，在三个领域里都取得了创造性的非凡成就。

李叔同在他的一首《忆儿时》的歌词中，曾回忆起孩童时在家的美好时光：“回忆儿时，家居嬉戏，光景宛如昨。茅屋三椽，老梅一树，树底迷藏捉。高枝啼鸟，小川游鱼，曾把闲情托。”

李叔同故居纪念馆分为故居和园林景观两部分，并陈列展览李叔同的生平图片、石刻与书法篆刻仿刻等。

126 霍元甲纪念馆

展津门大侠风采　留精武元祖传奇

地址：天津市西青区精武镇小南河村团泊大道精武门·中华武林园内

霍元甲，近代著名爱国武术家。1868 年（清同治七年）1 月 18 日生于天津小南河村，并在这里度过青少年时代。1910 年（清宣统二年）被日本浪人暗害，在上海去世。

霍元甲深得家传“迷踪拳”精髓，锐意进取，独创“迷踪艺”，声扬武林。在中华民族积贫积弱的年代，他先后慑服俄国大力士、英国奥皮音，打败日本武技高手，树立了不畏强梁、自强不息的英雄形象，被誉为“津门大侠”。1909 年（宣统元年），霍元甲在上海创建我国第一个民间武术团体“精武体操会”（后改名为“精武体育会”），该会后来扩展到世界 40 多个国家和地区。他被奉为“精武元祖”。

霍元甲纪念馆位于霍元甲故居旁，馆内展览通过“少年磨砺”“威震津门”“以武报国”“世界精武”等内容，展示了霍元甲的传奇一生和精武体育会的创建发展过程。

127 饮冰室

梁启超书斋留传奇

地址：天津市河北区民族路 44–46 号

辛亥革命胜利后，当年因“戊戌变法”被清廷追杀而逃往日本的梁启超回国。鉴于北京政治气候复杂，希望从政的梁启超决定在天津安家，于 1915 年和 1924 年在旧意租界先后建成两栋楼房。后建的一栋就是他一直向往的书斋“饮冰室”。

1915 年，袁世凯鼓吹复辟。梁启超与两次秘密来津的弟子、云南督军蔡锷共商讨袁大计。梁启超同时写出惊世之文《异哉所谓国体问题者》，该文发表后引发巨大社会舆论。后蔡发起护国战争，得多省响应，袁世凯不得不宣布取消帝制。

梁启超后来淡出政治舞台，于饮冰室倾心著述，写成《清代学术概论》《墨经校释》《先秦政治思想史》《中国近三百年学术史》等重要著作。遵循他以书斋命名文集的习惯，身后出版的“全集”取名《饮冰室合集》。

现为全国重点文物保护单位。

128 曹禺故居

留下“话剧之父”成长脚印

地址：天津市河北区民主道 7 号

曹禺，著名剧作家，被称为“中国话剧之父”。

曹禺自幼喜欢戏剧。他 12 岁入学南开中学，15 岁时加入南开新剧团，演了很多戏。他晚年回忆道：“南开新剧团是我的启蒙老师。”

曹禺生活在“曾经阔绰过”“后来又没落了”的家庭。“少爷们有自己的用人，自己的书房。住得相当舒服，但是闷得很，整个家庭都是闷的。每天都可以听到和看到很多乱七八糟的事。”后来，他把这些形形色色极富时代特点的场景，借助“英租界一幢很大的、古老的房子的形象”，完成了处女作《雷雨》。两年后，他回到天津，再次写出了“事情完全在天津”的《日出》。可见，当时他生活的天津社会对其毕生事业所产生的决定性影响。

曹禺故居是一座建于民国初年的意大利风格建筑，设计简约，朴实无华。故居现已被辟为纪念馆，旁有曹禺剧院，不时有曹禺剧作演出。

129 吉鸿昌旧居

举“民族战旗” 燃“华北烽火”

地址：天津市和平区花园路5号

吉鸿昌旧居，因外墙用红砖砌成，又称“红楼”。

吉鸿昌18岁报名投军，后被提拔为国民军第22路军总指挥。他奉命攻打苏区时，亲见共产党的真实情况，决定“投错了门，就拔腿出来”！“九一八”事变后，他进入苏区，后来到天津，于1932年11月加入中国共产党。

1933年，吉鸿昌变卖家资，购置武器，在张家口成立“察哈尔民众抗日同盟军”，重创日本侵略军，收复大片国土，后遭国民党军队和日军的两面夹击。他辗转回津，在红楼组织成立“中国人民反法西斯大同盟”，购置印刷设备，在家中印刷党内文件和抗日刊物《民族战旗》，后改名《华北烽火》，一直进行抗日活动。

1934年11月9日，国民党刺杀吉鸿昌未遂，将他逮捕。审讯时，他正气凛然地说：“我抗日，是打鬼子，救中国！是为中国人民求解放！我早已将生死置之度外。”11月24日，他英勇就义。

130 张自忠旧居

爱国将领任市长时住所

地址：天津市和平区成都道 60 号

张自忠，著名抗日爱国将领。早年就读于天津北洋法政学堂，后参加国民军起义及北伐战争。1933 年率部在喜峰口英勇击败日军。1935 年任察哈尔省主席，1936 年任天津市市长。

“七七”事变后，张自忠代理 59 军军长，任第 33 集团军总司令，1940 年在枣宜会战中与日军主力激战九昼夜，壮烈殉国。当时，延安各界举行了隆重的追悼大会，毛泽东主席亲笔题写挽词“尽忠报国”。

新中国成立后，张自忠被追认为“革命烈士”。为纪念他，海河边的一条道路被命名为“张自忠路”。

张自忠旧居，是他出任天津市市长时建成的，为砖木结构二层楼房（局部三层），建筑立面严谨对称，外檐墙体采用琉缸砖并搭配混水墙面，朴实无华；廊柱带雀替，在现代风格中融入中国传统建筑元素。现为全国重点文物保护单位（天津五大道近代建筑群建筑之一）。

131 张学良旧宅

少帅居所　旧景重现

地址：天津市和平区赤峰道 78 号

张学良，著名爱国将领。1930 年任南京国民政府陆海空军副总司令。因主张抗日，反对内战，同杨虎城一起发动震惊中外的“西安事变”，促成国共第二次合作。西安事变后遭蒋介石长期软禁。1990 年恢复人身自由。2001 年病逝于檀香山。

张学良旧宅建于 1921 年，传为清室某贝勒所修，1924 年以张寿懿（张作霖五夫人）名义购自法国领事馆。1924—1931 年，张学良来津时居住于此。旧宅于 2011 年完成复原修缮，重现了张学良当年居住的生活场景。展览于旧宅的物品，除了百余件他留下的老物件外，还有其后人捐赠的书法作品、少帅虎威纪念军刀以及赵一荻亲属捐赠的赵四小姐画作等。

张学良旧宅为三层砖混结构，坡屋顶，入口有带窗的三跨暖廊。二层平台柱子、栏杆上均有精美雕刻。楼前有小花园及喷泉。

132 顾维钧旧居

张学良送给外交家的礼物

地址：天津市和平区河北路 267 号

顾维钧是思路敏捷、善于辞令的近代杰出外交家。1905 年入美国哥伦比亚大学，主修国际法及外交，获博士学位。1912 年由美国学成回国，任总统秘书、内阁秘书、外务部顾问及宪法起草委员。1919 年和 1921 年作为中国代表团成员，出席巴黎和会及华盛顿会议。1922—1926 年先后任北洋政府的外交总长、财政总长、代理国务总理等职。

顾维钧与张作霖、张学良父子友谊笃深。这处住宅是张学良专门请人设计，建成后送给他的。此楼建于 1927 年，为西洋古典式砖木结构的三层建筑。立面简洁大方，造型活泼，红瓦坡顶屋面，红砖清水墙面上砌筑拱券。楼门前一对巴洛克式麻花柱，朴实中又有变化。建筑平面按照西方生活方式组织布局。

现为全国重点文物保护单位（天津五大道近代建筑群建筑之一）。

132

133 周叔弢旧居

家藏书于己　尽献之于国

地址：天津市和平区睦南道 129 号

周叔弢，著名爱国人士、实业家和收藏家。早年随叔父周学熙经营实业。新中国成立后，曾任天津市副市长、全国工商联副主任委员、全国政协副主席等职。

周叔弢尽毕生精力收集善本图书和金石文物。他收藏书有“五好标准”：版刻字体好、纸墨印刷好、题识好、收藏图记好、装潢好。1949 年后，他先后四次大规模地将珍藏的宋、元、明刻本，精校本等古籍，中外文图书近四万册，以及文物一千余件捐献给国家，化私为公，造福于民。他说：“如今我为这些书，来之于人民，又归之于人民，得到最好的归属、最好的主人，无限快乐。”

周叔弢还将一生积蓄献给了国家。1982 年 10 月，他立下遗嘱：“存款，五年定期一万元，国库券一万五千元，全部本息上交国家，在四化大海中添一滴水。”

周叔弢旧居建于 1938 年，砖木结构二层楼房，外形精巧别致，简洁大方。现为全国重点文物保护单位（天津五大道近代建筑群建筑之一）。

马占山是一位有血性、敢担当的中国人，毛主席称他“始终如一，抗战到底”。

“九一八”事变后，马占山率部于嫩江的江桥打响中国武装抗日的第一枪，以血肉之躯，生死相搏，令敌胆寒。西安事变期间，为团结抗战的大局，他力主和平解决，妥善安抚东北军。全面抗战时期，他领军西北，戍守八年，屡出奇兵，血沃荒原。日本投降后，他信守誓言，不打内战，隐居北平，并为北平和平解放奔走不息。临终之时，他托亲人写下遗嘱：“为新中国建设努力奋斗到底。”

当年，因蒋介石不支援，江桥抗战失败。马占山被迫辗转欧亚再回国，却请战不得。1933 年 8 月，他来到天津居住，到 1937 年全面抗战爆发后离津。其间，他与爱国人士、共产党人交往，一直为停止内战、一致抗日奔走。旧居一楼现为马占山将军历史展馆。

134 马占山旧居

“始终如一，抗战到底”

地址：天津市和平区湖南路 11 号

135 马连良旧居

“四大须生”之首看中“疙瘩楼”

地址：天津市和平区河北路 287 号

马连良是 20 世纪极具影响力的京剧大师、著名的“四大须生”之首。他开创的马派艺术影响深远，是京剧里程碑式的代表人物。1941 年，他买下天津“疙瘩楼”中的两套住宅，使“疙瘩楼”身价倍增，为人们所熟知。

“疙瘩楼”是 1937 年建造的当时流行于欧洲的联排式公寓。建筑巧妙地使用天津地方材料——琉缸砖，使整个墙面不均匀地凸起，呈“疙瘩”状，别具特色，故称“疙瘩楼”。

“疙瘩楼”为砖木结构三层，设有半地下室作为车库，是当时中产阶级的理想住宅。建筑依街角结合地形设计。红瓦坡屋顶，琉缸砖清水墙面。每户住宅的入口、悬挑阳台、檐部、窗间墙和窗套等处，采用设拱券，雕花纹、水纹等古典和洛可可装饰手法，使整体简洁大方，细部浪漫和谐。

现为全国重点文物保护单位（天津五大道近代建筑群建筑之一）。

136 静园

溥仪在这里“静待时机”

地址：天津市和平区鞍山道 70 号

静园，始建于 1921 年，原名“乾园”，是北洋政府驻日公使陆宗舆私宅。建筑为西班牙民居风格，草木葱郁，静谧宜人，是租界时期典型的庭院式私人宅邸。

1924 年，冯玉祥发动“北京政变”，宣布清室移居宫外。溥仪选择 1925 年 2 月 24 日，农历二月二“龙抬头”这天，化装后从北京车站乘车移居天津张园，主人张彪坚决不收房钱，忠心侍奉旧主。1928 年，张彪病死，溥仪于 1929 年搬到“乾园”。

溥仪取“静观其变，静待时机”之意，将“乾园”易名“静园”。他在这里仍用宣统年号，发“谕旨”，召见“大臣”，多次会见日本军界头目，策划建立伪满政权。1931 年 11 月 10 日晚秘密离此，前往东北，当了伪满洲国的傀儡皇帝。

137 张伯苓旧居

中国现代教育创造者

地址：天津市和平区大理道 39 号

张伯苓，是我国近代著名教育家，1904 年（清光绪三十年）与严范孙创立了天津最早的私立中学。他也是南开大学创始人、校长。他把教育救国作为毕生信念，还创办过南开女中、南开小学等，为国家培养了大批人才，是“中国现代教育的一位创造者”。他也是中国奥林克匹运动会的最早倡导者，被誉为“中国奥运第一人”。1951 年 2 月 23 日，他在天津病逝。

张伯苓旧居始建于 20 世纪 20 年代中期，是砖木结构的三层英式别墅，机砖墙身，多坡式瓦顶，属折中主义建筑风格。室内装有菲律宾原产的木制地板、门窗和楼梯，并配有巴洛克式壁炉，装修讲究。房屋前后有宽敞的庭院，种有名贵的花草树木，环境优雅。

张伯苓夫妇于 1950 年 9 月 15 日带着周总理的一片关怀从北京回到天津，租住于此。

138 严修旧宅

当过翰林却革新封建教育

地址：天津市和平区重庆道 144 号

严修，出生于天津，中国近代著名的教育家、学者，与华世奎、赵元礼、孟广慧并称近代天津四大书法家。他早年入翰林院，后出任贵州学政、学部左侍郎等职。后来他和张伯苓创办了南开大学等一系列学校，被称为“南开校父”，是革新封建教育、推进教育现代化的先驱。1929 年 3 月 15 日，严修病逝，南开校友集资在南开中学内兴建了“范孙楼”用以纪念。

严修旧宅为砖混结构欧式二层建筑，自成院落。民国以后，严修迁居此处。

139 华世奎旧居

出身于“八大家”的书法家

地址：天津市河北区胜利路 389 号

华世奎久居津门，出身于天津“八大家”之一的华家，举人出身，官至内阁中书、军机处章京。辛亥革命后隐居故里，鬻字为生。“七七”事变后，日伪当局和伪满洲国“皇帝”溥仪屡请其出山，华世奎不为名利所动，其民族气节被乡里称颂。其书法以颜体为本，博采众长，气魄雄伟，骨力开张。

华世奎旧居，是旧意租界坡顶形建筑之一，建于清末民初。二层楼房，砖木结构，坡式瓦顶，上筑阁楼与老虎窗。楼顶为瓦楞板结构，气派壮观，外貌基本完好。整座建筑为联排别墅，华世奎曾短期租住其中几间，为天津市仅存的华世奎曾住过的地方。

平津

捌

红色记忆

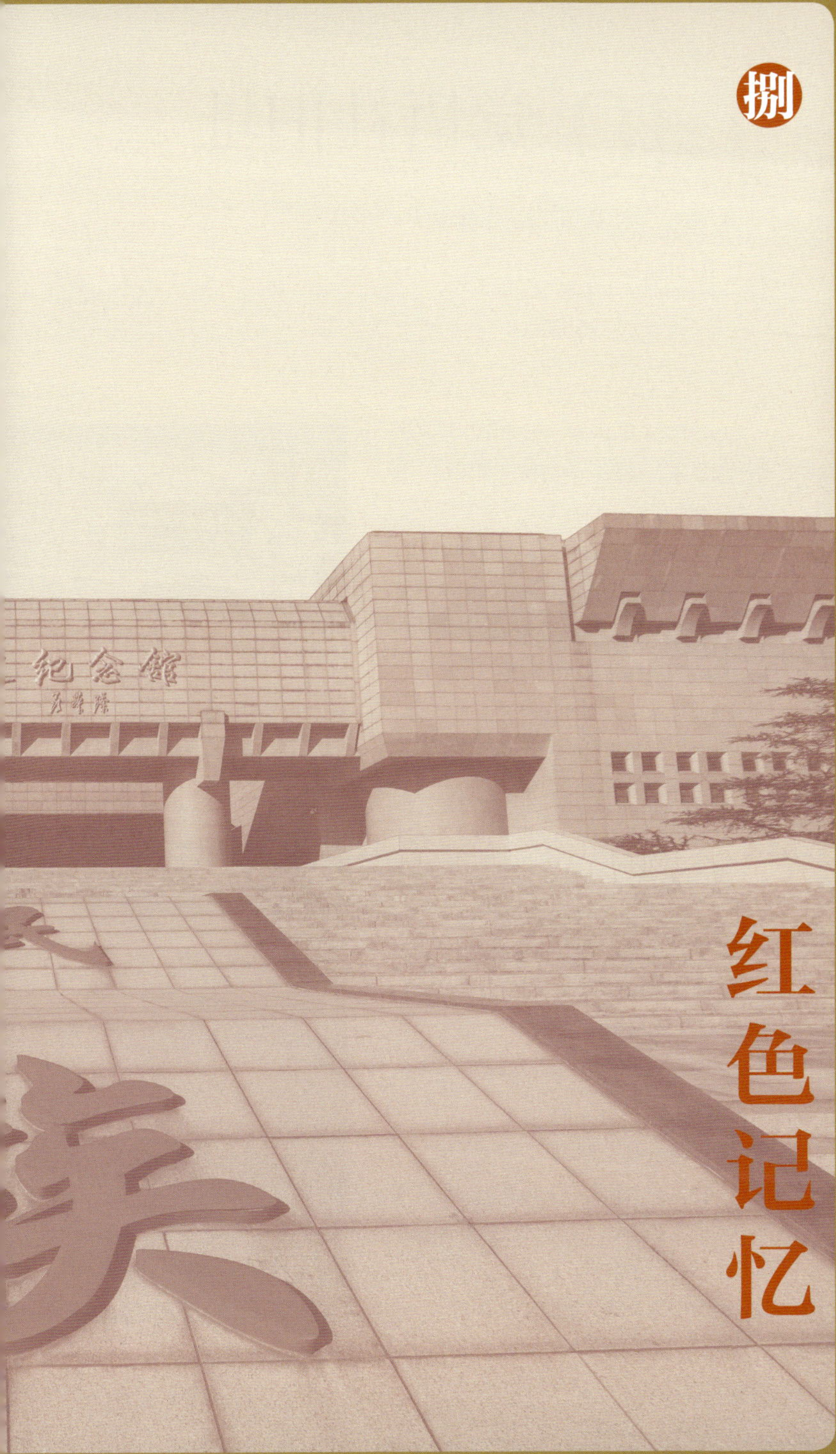

140 觉悟社旧址

“革心” “革新” “自觉” “自决”

地址：天津市河北区宙纬路三戒里 49 号

1919 年 9 月 16 日，天津学生运动的骨干周恩来、马骏、刘清扬、邓颖超、郭隆真等创建了“觉悟社”。

这是一个在“五四”运动高潮中产生的进步青年团体。宗旨为“本‘革心’‘革新’的精神，求大家的‘自觉’‘自决’”，选定社友李愚如的家为固定的活动地点。觉悟社旧址为今纪念馆所在地。

当时，为方便对外工作，他们采取抓阄方式，确定每个社员代号和代名，周恩来抓到五号，取代名“伍豪”。

纪念馆分复原陈列和辅助陈列两部分。

复原陈列部分：在西厢房布置了民国时期的家具等，营造 20 世纪 20 年代的历史氛围；东厢房正中的两张八仙桌上，有抓阄用的铁盘和纸阄，再现了当年活动的场景。

辅助陈列部分：包括“奠定基础——经受五四风暴洗礼”“觉悟诞生——寻索社会改造之途”和“大浪淘沙——选择不同人生道路”等内容。

现为全国重点文物保护单位。

141 周恩来邓颖超纪念馆

展现伟人伉俪光辉一生

地址：天津市南开区水上公园西路 9 号

天津是周恩来、邓颖超度过风华正茂、豪情激越的青年时代的地方，而他们的纪念馆也坐落在碧波荡漾、景色如画的水上公园旁。

周恩来邓颖超纪念馆建于 1998 年 2 月 28 日——周恩来百年诞辰纪念日前夕。馆内藏品丰富，文物弥足珍贵。纪念馆基本陈列分为三大展区：主展厅、按一比一的比例仿建的北京中南海西花厅专题陈列厅和专机陈列厅。

主展厅内有周恩来生平展“人民总理周恩来”、邓颖超专题展“邓颖超——20 世纪中国妇女运动的先驱”；西花厅专题陈列厅设有复原陈列和主题文物展“伟大的情怀”；专机陈列厅陈列着苏联政府赠送给周恩来总理的伊尔 -14 型 678 号专机（现为国家二级文物）。

纪念馆的展览主题突出，天津地域特色鲜明，生动再现了周恩来、邓颖超两位伟人光辉灿烂的一生以及为祖国、为人民鞠躬尽瘁的优秀品质和崇高精神。

142 张太雷烈士纪念室

兴学强国　红色传承

地址：天津市南开区卫津路92号天津大学校史博物馆内

张太雷是中国共产党早期的重要领导人之一，是中国社会主义青年团的创始人之一和青年运动的卓越领导人。

张太雷1915年12月考入北洋大学（现天津大学）法科。在读期间，经历了“五四”运动的洗礼，接受并开始传播马克思主义理论；他作为英文翻译，参加了北京和上海的建党活动，并成为中国共产党最早的党员之一。1927年12月，他任广州起义主要领导人，在战斗中壮烈牺牲，年仅29岁。

张太雷烈士纪念室以“兴学强国，红色传承”为主题，设置“少年时代”“求学北洋”“参加创建共产党、青年团”“投身国际共运”“致力国共合作”“坚持革命，奉献青春”“名垂青史，风范永存”7个部分展览，共展出张太雷的珍贵图片99幅、实物15件，其中有他的毕业证、曾经用过的毛毯。

1985年，天津大学设立张太雷像，将一条路命名为“太雷路”。

143 天津“一二·九”抗日救亡运动纪念馆

展现学生宣传爱国真理的热潮

地址：天津市西青区李七庄街王兰庄花园7号别墅

天津“一二·九”抗日救亡运动纪念馆，通过图片、视频、雕塑全面展现了天津高校进步学生响应党的号召、宣传爱国真理、发动广大农民参加抗日救亡运动的过程。

1935年，在北平发生的“一二·九”运动的推动下，天津14所大中学校学生4000余人，举行抗日救亡示威游行，成立“天津学生联合会”。

在共产党的领导下，天津学联提出，利用暑假“到工厂去”“到农村去”，于1936年6月，各校代表去了近郊王兰庄、小园和姜井。王兰庄由北洋工学院和三八女中负责，办起了“民校”。地下党派人到王兰庄开展工作，发展党员，建立了津郊地区中共第一个农村党支部。现在，王兰庄花园里，矗立着“一九三六年天津学生抗日救亡义务教学点旧址纪念碑”；碑的背面，记录着当年天津学生参加抗日救亡活动的光辉历史。

143

144 中共中央北方局旧址纪念馆

刘少奇在津主持北方局

地址：天津市和平区黑龙江路隆泰里 19 号

中共中央北方局旧址纪念馆用照片、资料图片陈列和场景实物复原陈列，真实反映了从 1924 年 12 月北方局建立到 1945 年 8 月抗战胜利后北方局撤销，党带领人民群众开展艰苦卓绝革命斗争的光辉历程；生动再现了老一辈无产阶级革命家刘少奇当年来津主持北方局工作、发展壮大北方地区抗日民族统一战线的革命场景。

中共中央北方局旧址纪念馆建筑位于旧日、法租界交界处，为二层砖木结构住宅小楼，前后设门，临窗视野开阔，且便于隐蔽、转移。1936 年 4 月，刘少奇辗转来津，主持中共中央北方局工作，租用此楼二楼一间斗室，楼下是“惠兴德成衣铺”。刘少奇以南开大学“周教授”身份为掩护开展工作，并在此撰写了《肃清立三路线的残余——关门主义冒险主义》《关于过去白区工作给中央的一封信》等重要文章。

144

145 于方舟烈士纪念馆

缅怀先烈　铭记英名

地址：天津市宁河区芦台镇芦汉路46号宁河烈士陵园内

于方舟烈士纪念馆建于2003年，由邓颖超题写馆名。

纪念馆展览内容分为宁河人民革命斗争史和于方舟革命烈士生平事迹两部分，讴歌了宁河区革命烈士在抗日战争和解放战争时期前赴后继、英勇牺牲的革命斗争历史和于方舟烈士的先进革命事迹。

纪念馆展出以于方舟烈士为代表的一大批革命英烈图片，陈列解放战争时期战斗纪念章、水壶、纺车、手枪、子弹、烈士牺牲证明书等革命文物及资料122件，藏品来自烈士家属捐献和迁移烈士墓时出土的物品。

146

盘山抗日根据地遗址

敌后抗日根据地的典型

地址：天津市蓟州区蓟官路东盘山烈士陵园东北门

盘山抗日根据地遗址在今蓟州区盘山。

1938年7月，在中共河北省委的领导下，举行了冀东抗日武装大暴动，建立抗日民主政府。后来这支武装队伍撤到盘山，为盘山抗日根据地的创建打下了基础。

1940年初，著名抗日将领包森率部到盘山创建盘山抗日根据地，以盘山为中心驰骋于冀东西部地区，节节挫败日本侵略者，先后在白草洼、十棵树、丈烟台、果河沿等数十次战斗中取得胜利，后建立了拥有百万人口的抗日游击区。盘山抗日根据地的军民为抗战胜利作出了巨大牺牲，两万多名优秀儿女献出宝贵生命。

1956年在盘山为烈士们修建了陵园。陵园内有烈士纪念碑、烈士墓区、烈士纪念馆和革命传统教育展览馆。陵园内长眠着206名烈士，多数是抗日战争中牺牲的老红军和八路军指战员。

146

147

制定解放战争“天津方式”

地址：天津市西青区杨柳青镇十一街
药王庙东大街4号

平津战役天津前线指挥部

1948年12月，辽沈战役刚结束，中国人民解放军东北、华北野战军将国民党军队分割包围在北平、天津、塘沽、新保安和张家口。

1949年1月2日，中国人民解放军平津战役天津前线指挥部在杨柳青召开会议，制定了“东西对进，拦腰斩断，先南后北，先割后围，各个击破”的作战方针。从3日到12日，解放军扫平天津外围18个国民党守军据点后，三次要求其他国民党守军放下武器，但都遭到拒绝。

14日上午10时，解放军发起总攻，先后从东、西、南三个方向打开11个突破口，进入市区，展开激烈巷战。当晚11时，先头部队到了市区的金汤桥，占领了警察局。

15日凌晨，东、西两路主攻部队在金汤桥胜利会师。8时攻克国民党警备司令部，12时攻占国民党市政府，国民党守军全部投降，天津宣告解放。

148 平津战役纪念馆

展现平津战役伟大胜利

地址：天津市红桥区平津道 8 号

平津战役纪念馆是全面展现平津战役伟大胜利的专题纪念馆。

纪念馆主展馆陈列分为：序厅和“战役决策”“战役实施”“人民支前”“伟大胜利” “英烈业绩”六个部分，展出 400 余幅历史照片、2000 多件文物以及多媒体、电动沙盘、旧址复原、景观、雕塑、绘画等辅助展品。

多维演示馆运用现代声、光、电高科技与多元化视听的艺术手段，将全景式超大银幕环球电影、背景画、战场微缩景观结合起来表现战争时空氛围，结合音响效果，气势恢宏地演示了平津战役的历史画面。

纪念馆有不少文物精品，其中有中央人民政府人民革命军事委员会委任董其武为中国人民解放军第二十三兵团司令员的委任状、聂荣臻在战争年代使用的望远镜和毛泽东 1943 年在延安送给邓宝珊的狐皮褥子等。

149 杨连弟烈士纪念馆

“登高英雄”抗美援朝捐躯

地址：天津市北辰区高峰路西杨连弟公园内

杨连弟，1919 年出生于天津市北仓镇。1949 年参加中国人民解放军铁道兵部队，修复陇海铁路 8 号高桥时，他机智勇敢地攀上 40 多米高的桥墩，提前完成任务，荣获“登高英雄”称号。

1950 年，杨连弟作为中国人民志愿军入朝，多次出色完成抢修被美国飞机炸毁的大桥的任务。抢修清川江大桥时，他带领一个排 12 次搭设浮桥，并创造出“钢轨架浮桥”的方法，使多次中断的大桥顺利通车，为朝鲜前线供给提供有力保证。

1952 年 5 月 15 日，杨连弟在清川江大桥指挥架桥时，被敌机投下的定时炸弹弹片击中头部，光荣牺牲，时年 33 岁。中国人民志愿军为他追记特等功，追授“一级战斗英雄”称号。他生前所在连队被命名为“杨连弟连”。他在牺牲前已是全国著名英雄，曾受到毛泽东、朱德等国家领导人接见。

纪念馆位于杨连弟公园内，用大量图片、实物和音像资料全面展示了杨连弟烈士的英雄事迹。

149

玖

艺博场馆

150 天津电力科技博物馆

展示电力历史　传播电力科技

地址：天津市河北区进步道 29 号

天津电力科技博物馆坐落在建于 1904 年（清光绪三十年）的欧式建筑内，这里是比商电车电灯股份有限公司旧址。1902 年（光绪二十八年）德商世昌洋行军火商海礼取得了在天津开办电车电灯公司的特许权，后将特许权转让给比商通用财团。比商电车电灯股份有限公司成立，就在此楼办公。

1888 年（光绪十四年）德商世昌洋行为了在天津开办一家绒毛加工厂，安装了一台小型直流发电机，使天津成为继上海之后中国第二个开始用电的城市。

博物馆按照时间顺序展示世界能源和天津电力能源发展史，收入里程碑事件 166 件，收藏各类文物、模型百余件，有科普互动项目 40 多项，设置“文明之光”“电的初识”“蹒跚起步”“砥砺奋进”“腾飞发展”“历史抉择”“未来已来”等七大主题展厅。

151 天津邮政博物馆

展示早期中国邮政的面貌

地址：天津市和平区解放北路 109 号

天津邮政博物馆展览、陈列着天津邮政大量珍贵文物集藏，其所在的“大清邮政津局旧址”，是我国仅存的清代建造的邮政局房。

从 1884 年（清光绪十年）到 1915 年，这里是天津邮政中枢，见证了中国近代邮政从初创到成熟、从走向全国到走向世界的历程。

天津是中国近代邮政发祥地。1878 年（光绪四年），津海关税务司德璀琳奉清政府之命，以天津为中心，在北京、天津、烟台、营口、上海试办邮政，收寄华洋公众邮件。初时名为“海关书信馆”，设于海关大公事房内，中国第一套邮票——大龙邮票就是在这里发行的。

1880 年（光绪六年），海关书信馆改称“海关拨驷达局”，并于 1884 年（光绪十年）迁入海关以西新建的仿罗马式青砖楼房内，在之后的 31 年间又几度易名——大清邮政津局、直隶邮务管理局等。

1915 年，邮政为再次拓展业务空间，迁往老龙头火车站旁新大楼。

152

三条石历史博物馆

昔日北方机器铸造业中心

地址：天津市红桥区河北大街尚都家园 14 号楼（原小马路 16 号）

三条石，是三岔河口东北一条夹在南北运河之间的街道，后来随着附近侯家后、河北大街逐渐繁华起来，直隶交河一带的炉匠大都来这里安家落户。

19 世纪中叶，三条石开始出现铁匠作坊，20 世纪 20 年代，逐渐形成了独具规模的“铁厂街”。1937 年，这里已有 300 家工厂和手工作坊，分厂、分号遍及十余省市，产品销售至华北、东北和西北地区，有的还远销南洋群岛，这里已是北方铸造业及机器制造业中心。

三条石历史博物馆有两部分陈列内容:“三条石地区机器、铸铁业变迁史”，反映了三条石地区兴起至兴盛，到新中国成立后再度繁荣的历史进程；“福聚兴机器厂旧址复原陈列”，复原了机器车间、锻工棚等，再现了创办于 1926 年的工厂在公私合营前的生产经营状况。

153 国家海洋博物馆

体味海洋人文、自然和生态

地址：天津市滨海新区中新生态城海轩道 377 号

国家海洋博物馆是我国唯一一座国家级综合性海洋博物馆。

博物馆陈列展览以“海洋与人类”为主题展开，分为“海洋人文”“海洋自然”“海洋生态”三大板块。

远古海洋展厅展览叠层石、三叶虫、鹦鹉螺、菊石等 1158 件化石标本，讲述了 46 亿年以来地球、海洋和生命的演化故事。

龙的时代展厅中的鱼龙、翼龙化石和霸王龙化石模型揭示出海洋是生命的摇篮这一主题。

今日海洋展厅展出 5000 余件精美标本，有长达 9. 4 米的鲸鲨标本，极其罕见的怀孕双髻鲨塑化标本以及 300 余种五彩斑斓的鱼类、100 多种海生鸟类等动物标本。

海洋与天文展厅告诉大家天文与海洋的关系非常紧密，就连组成海洋的水都极有可能来自天上的彗星，天文与航海密不可分。

154 天津美术馆

美之领地全国领先

地址：天津市河西区平江道 60 号

天津美术馆，是一座以收藏、研究、推广、展示近现代及当代艺术家作品为重点，并致力于审美教育与国际文化交流的综合造型艺术博物馆。

天津美术馆建筑共五层，总面积 28065 平方米，其中最具特色的二楼展厅面积达 1800 平方米，高 8 米，建筑规格居全国同类馆首位。馆内可同时展出国画、油画、雕塑、版画及工艺美术品等不同类别的艺术珍品，可同时举办多个高质量、高规格的国内外大型美术展览，在国内美术馆中处于领先地位。

作为大众美育基地，馆内还配备报告厅、研讨室、人文美术图书资料中心、美术创作室、绘画装裱修复室和油画修复室等。

美术馆四楼设有以封闭展柜为主的基本陈列厅，展出馆藏的近代名家、在全国有影响力的天津画家和具有天津地方特色的艺术作品。

155 天津市规划展览馆

展示天津的过去、现在和未来

地址：天津市河北区博爱道 30 号

天津市规划展览馆是国内外各界人士走进天津、了解天津的好去处。

展览馆一至三层为展示区，共分为十六个展区。第一层设历史展区、总体规划展区、交通规划展区、中心城区规划模型展区；第二层设滨海新区规划展区、海河规划展区、名城保护规划展区、旅游规划展区、海河之旅影厅；第三层设住房、公共设施展区，生态规划展区，环境整治展区，重点地区规划展区，区县展区，城市映像影厅，公众互动参与区等。

展览馆使用了大量高科技手段，将激光成像、发光地图、电子翻书、多通道投影等现代声光电技术融入多项展示环节，全面展示了天津的过去、现在和未来。参观者可参与互动，这里专门设置了数字多媒体展示区、动感影厅和多款互动游戏等，让参观者认识规划、了解规划、参与规划。

156 天津自然博物馆

了解“家园”　探索“自然”

地址：天津市河西区友谊路 31 号

天津自然博物馆始建于 1914 年，前身为北疆博物院。馆藏生物标本 40 万件。它是全国第一个主题单元化、全景式展示，集自然探索、科学体验、科学教育为一体的自然史博物馆。

博物馆以“家园”为总主题，从户外“家园·足迹”到首层“家园·探索”，从二层“家园·生命”到三层“家园·生态”，讲述一个从远古到当代、从世界到天津的“家园”故事。

首层展区设有巨型恐龙骨架和国内首家设置于博物馆内的活体蝴蝶园。二层展区由“远古家园”和“现代家园”组成，展示地球家园生命世界 38 亿年来的演化历程和各类标本近万件。“环球动物之旅——肯尼斯·贝林捐赠世界野生动物展”位于三层展区，主要展出由环球健康与教育基金会主席、天津市荣誉市民肯尼斯·贝林捐赠的近 300 件珍贵的世界野生动物标本。

157 天津科学技术馆

科普参与　趣味盎然

地址：天津市河西区隆昌路 94 号

天津科学技术馆是大型公益性科普设施，共有 300 多件（套）展品，集科学性、知识性、参与性于一体。

观众在“飞天之梦”展区，可以借助虚拟现实和体感识别技术进入“宇宙空间站”，模拟航天员完成“神舟”飞船交会对接；在“机械之巧”展区可以通过实际操作，了解密码锁的内部结构和开锁原理；“电磁之趣”展区内，“特斯拉电圈”伴随音乐有节奏地向体验者放电，而受到“法拉第笼”保护的体验者，可以在笼子里安全地和高压电来一个击掌。

该馆还会根据社会热点举办相关主题的科普展览。馆内还有球形宇宙剧场，内部装有直径 23 米的倾斜式铝质天幕，可放映全天域穹幕电影，观众可以欣赏自然科学景观影片和天象奇观。

157

158 天津金融博物馆

展陈丰富　活动多样

地址：天津市和平区解放北路 29 号

天津金融博物馆坐落于有百年金融历史的金融街——解放北路上，是中国第一家集展示、教育、金融文化消费和金融史研究为一体的专业金融博物馆。馆址为建于 1932 年的原法国俱乐部。

馆内常设金融历史与现状、金融与我们、次贷与金融危机、滨海新区核心金融展等五大主题展厅。此外，博物馆还定期推出“百年华尔街——解放北路”“革命金融展”“社会集资与金融安全”“女性与金融”“金融让生活更美好”等专题展，定期举办“中国金融藏品博览会”“博物馆下午茶”“博物馆艺术工坊”以及各种论坛等活动，讲述天津金融历史，分享前沿新锐观点。

馆内设有体验项目，你可以走进老账房或当铺留影。馆内还以旧照片、建筑模型、旧地图等形式展示北洋金融街旧貌，观众仿佛置身于昔日的金融街中。

159 天津市体育博物馆

弘扬传承奥林匹克精神

地址：天津市和平区重庆道 83 号民园体育场大理道一侧三楼

天津是近代中国体育的重要发祥地，也是中国百年奥运梦想的发源地。天津市体育博物馆展现了天津体育历史、中国近代体育历史和世界奥林匹克发展史。

“天津与奥运”专题展从一百多年前“奥运三问”的提出到 2008 年北京奥运会的召开，从奥运寻梦到圆梦的这一过程，回顾了天津为中国奥运所作出的杰出而独特的贡献。20 世纪涌现出的传奇人物张伯苓、王正廷、董守义、李爱锐（一位出生在天津的英国运动员，曾在许多大型比赛中获得金牌），他们是天津奥林匹克长卷上最闪亮的星星，在天津的体育史册中熠熠生辉。

“奥林匹克藏品博览”展出的中国第一场篮球比赛的公告复印件见证了篮球引进中国的历史；2008 年北京申办奥运会的资料，还有柔道冠军佟文在北京奥运会上所穿的比赛服等，让更多的人更直观地了解奥运历史和奥运文化。

159

160 萨马兰奇纪念馆

奥委会主席的珍藏与友谊

地址：天津市静海区团泊新城西区健康产业园内（团泊奥特莱斯附近）

160

萨马兰奇纪念馆是世界唯一得到萨马兰奇家族授权和国际奥委会批准的纪念萨马兰奇的场馆。

纪念馆创办人吴经国担任国际奥委会委员二十余年，与萨马兰奇友谊深厚。萨马兰奇生前将其毕生珍藏的 16578 余件藏品赠予吴经国，于是有了这座纪念馆。

纪念馆建筑采用圆环与环形坡道的造型设计，将两座建筑和三个下沉式庭院有机结合起来，以这五个圆形寓意奥运五环。

纪念馆展区分为 14 个单元，展示萨马兰奇收藏的各种书籍、邮票、纪念品、艺术雕塑、绘画，与他相关的信件、照片、私人用品，以及极为珍贵的与奥委会相关的文献。纪念馆通过现场复原、影像声光等展陈方式，让游客仿佛置身于科幻世界之中。

纪念馆内还有一座 89 英尺（约 27.13 米）高的喷泉，用以纪念萨马兰奇 89 年的激情岁月。

161 天津建筑工法展览馆

建筑工法知识的科普基地

地址：天津市河东区大直沽中路 7 号

天津建筑工法展览馆是我国首座宣传普及建筑工法知识的专业性展览馆。

馆中有展台 90 座、全景模型 50 座、实物展品 356 件，共收集历史照片和典型建筑图片 600 余幅。4 个展厅的展陈涵盖了古建筑、园林小品、居住建筑、公共建筑、工业建筑、地下建筑、大型桥梁等各种结构体系的施工工法。

古建营造园林和洋楼展厅通过独乐寺、谦祥益绸缎庄、四合院、李公祠、洋楼的模型和剖面图，介绍了天津市传统建筑南北交融的特色和建筑尺度、风格，展示了旧租界洋楼独特的建筑艺术特点和典型构件的工法；工业与民用建筑展厅介绍了新中国成立后，不同历史阶段不同使用功能的建筑的特点和工法；地下工程展厅科技含量最高，展示了天津市近年来各种复杂地质情况下的地下施工工法；桥梁展厅通过天津市桥梁的整体布局，展示了不同时代不同结构形式桥梁的施工工法。

162 天津华明机床博物馆

机器在这里会“说话”

地址：天津市东丽区平盈路 8 号航空商务区 B 区（空港航空商务馆区）
　　天津市东丽区华明镇弘顺道东段科创慧谷园清华高端院 5 号楼西侧（华明清华高端院馆区）

天津华明机床博物馆展出馆藏瑞士、德国、美国、苏联等十几个国家制造的机床 100 余台，另有老缝纫机、老电话等民用机器 500 余台。其中有天津海鸥手表厂制造第一块手表时使用的铣床、“二百岁”的制鞋缝纫机以及世界上最早的印刷机等，它们都堪称精品。一台台沉默的机器，承载着一段段厚重的岁月，散发出鲜活灵动的生命气息。

天津华明机床博物馆馆长王福喜曾从事机床加工工作，与机械结缘，历经二十余载，先后收藏了近 600 件大设备、小机械，经过不懈努力，终使拥有几十年乃至上百年历史的“宝贝”与大家见面，实现了他独乐乐不如众乐乐的公益梦想，用这些“会说话的机器”，打造出一个探源历史根脉、留存工业遗产、见证时代变迁的生动载体。

162

海鸥表博物馆是目前国内最大的专业手表博物馆，展示了海鸥手表半个多世纪的发展历程和天津手表工业的辉煌成就。

1955 年，天津手表试制小组以半手工方式试制成功“中国第一只手表”，并将该表命名为“五星牌”。之后又试制成功了许多中国手表的“第一只”：“五一牌”产品化手表、航空计时手表、“天津牌”音叉电子表、“东风牌”自主设计的手表、“海鸥牌”符合国际标准的女表、“海燕牌”出口手表、“海鸥牌”获国际金奖的手表等。

博物馆有太阳投影钟景观和 A、B 两馆。太阳投影钟直径 19 米，周边镶嵌十二属相铜雕，极具中国特色且误差极小。A 馆有“计时中国”“品牌海鸥”“走向未来”等十部分内容，展示了中国计时的发展历程；B 馆从科技角度展示了海鸥表的近百项专利和国际制表业三大顶尖技术的发展历程。

163 海鸥表博物馆

中国手表的历程与传承

地址：天津市空港经济区环河南路 199 号

164 达仁堂国药文化展览馆

老药铺创立中国首家中药工厂

地址：天津市南开区古文化街 23 号

达仁堂，可以说是有着三百年历史的中药铺“乐家老铺”的正宗“后裔”，“达则兼善，仁者爱人”一直融入其骨血之中。

1914 年，京都达仁堂乐家老铺乐氏第 12 代传人乐达仁，在估衣街开办了天津的第一家分号。店铺陈设、柜台与北京的一样，算盘也一样，117 档 819 珠，一时在津城被传为佳话。

1915 年，天津达仁堂制药厂创立，一改传统中药行业前店后厂的小作坊式经营模式。这是中国第一家中药制药厂，当时就已用电动机和电力设备取代许多笨重的手工操作，并有冷藏房储存容易腐变生虫的贵重原料和药丸。

达仁堂国药文化展览馆一楼以展示药材、技艺和中成药为主，二楼介绍达仁堂的企业文化与一百多年的发展历程。

165 华夏鞋文化博物馆

千种履展现历史脚印

地址：天津市南开区古文化街海河楼 166 号

华夏鞋文化博物馆，是我国首家鞋文化的博物馆，由百年鞋店“老美华”斥资建成。馆内有鞋发展史、鞋履民俗、民间鞋品、三寸金莲、精品特展、制鞋技艺、场景复原等展示板块，包含 60 多个专题。千种形态各异的鞋，令人置身鞋的世界。馆内的藏品极其丰富和珍罕，它们来自一位民间的收藏家。

在这里，千种鞋品“诉说”了从远古、商周战国、秦汉三国、唐宋明清、民国直至今天的华夏鞋履的发展历程。大禹石履、香料抽屉鞋、步步生花鞋、科举舞弊鞋、清宫龙靴等千奇百怪的鞋品，会一一告诉你它们的来历和身份。从“金莲专题”中，可知女性缠足已有千年和“金莲”之称意含深远的由来。鞋的历史，也是一个民族精神文化的足迹。参观这个博物馆不仅会获得许多历史文化的知识，还会引发我们积极的思考。

166 瓷房子

“独特设计博物馆”瓷美楼奇

地址：天津市和平区赤峰道 72 号

瓷房子，是收藏家张连志倾力十几年，将一座已有百岁高龄的法式老洋楼，使用珍藏的中国瓷“装扮”而成。

镶嵌于整栋洋楼上的中国瓷囊括了汝窑、官窑、哥窑、定窑、钧窑，以及越窑、磁州窑、耀州窑、龙泉窑等名窑址窑口无以计数的古瓷片，大量不同年代的古窑瓶、盘、碗等。且看，一条长 768 米、宽 0.8 米的巨型古瓷龙在“瓷房子”外檐蜿蜒回转，制高点上的红瓷五星熠熠生辉，好一个“瓷美楼奇”。

楼内，还有 300 多尊古代各朝石雕造像、300 多件造型精妙的汉白玉石狮、300 多个灵动如生的明清瓷猫枕，数百件明清家具，以及根据张萱、苏轼、张大千、毕加索等十几位古今中外名家名作制作的瓷片壁画等。

2010 年，瓷房子与蓬皮杜艺术中心等被美国《赫芬顿邮报》评为“全球十五大独特设计博物馆”。

167 宝成博物苑

拥有六项“大世界基尼斯之最”

地址：天津市津南区双桥河镇宝城新村海河二道闸桥南侧

宝成博物苑有三个展馆展示奇石、木雕、画像砖、画像石、陶俑、古代家具、唐宋石刻、越窑瓷器等。博物苑中有中式园林，园中古石、古树、湖与回廊、亭等相映成趣。

博物苑拥有六项“大世界基尼斯之最”：规模最大的天然灵璧石人造石林，有天然灵璧石 4000 多块，最高的一块为 10.7 米，重约 73 吨；最长的汉白玉浮雕长廊 “中国石文化图颂”，全长 101 米，表现了奇石和中国历史上名人结缘的典故和故事；收藏灵璧石最多的展厅，有灵璧石 300 多块；世界上最长的木化石，已经玉化的化石长 21 米，直径 0.8 米；镌刻名人签名、手迹和印章最多的灵璧石，涉及中外历史上 500 多位名人；收藏木化石数量最多的石林，有木化石 388 座，最高的高 11 米，最粗的周长 11.8 米。

168 天津滨海文化中心

滨海新区的人文地标

地址：天津市滨海新区旭升路 347 号

天津滨海文化中心包含滨海美术馆、滨海科技馆、滨海图书馆、滨海演艺中心、市民活动中心、文化长廊。

滨海图书馆的“书山”与“滨海之眼”使其成为网红图书馆。这座拥有藏书 120 万册、座席 1000 多个的大型图书馆，建成了由 300 多个分支机构组成的总分体系，采用数字媒体检索实现书籍馆际通借通还。滨海美术馆是集艺术交流、创作、展示、公共教育、艺术品售卖于一体的公益场馆。滨海科技馆将用科技、娱乐、互动体验的方式带观众探索科技世界与未知世界。滨海演艺中心拥有 1031 个座席的歌剧厅和 304 个座席的多功能实验剧场，会定期安排戏曲、话剧、儿童剧、音乐会等多种形式的演出。市民活动中心有市民服务功能大厅和电影院、健身房等。文化长廊提供餐饮、文创、教育等服务。

滨海科技馆

滨海演艺中心
BINHAI PERFORMING ARTS CENTER

滨海美术馆

169 滨海新区博物馆

看千年历史积淀和风土人情

地址：天津市滨海新区中心路 988 号附 1 号（河滨公园附近）

滨海新区博物馆，其前身为塘沽博物馆。

博物馆以“滨海故事”为展陈主题，通过“国家战略，时代使命”“沧海桑田，文明肇始”“渔舟唱晚，盐兴漕畅”“畿辅门户，共御外侮”“自强求富，实业救国”“革命之路，曙光破晓”“当家做主，共建家园”“开发开放，勇立潮头”等内容，客观而生动地展现了滨海新区自成陆至今三千多年的历史积淀、风土人情以及其在中国近代史上的重要位置。

博物馆还有两个专题展览：一是“滨海新区版画陈列馆”，展出 90 余幅代表滨海新区艺术创作成就的版画作品；二是“童趣大观展台”，采用泥塑的形式，再现了 36 种青少年游戏，让人看后忍俊不禁。

170 武清博物馆

聚艺术书画之乡之精华

地址：天津市武清区泉旺路 52 号

武清是文化部命名的“中国民间艺术书画之乡”。武清博物馆是一座历史艺术类综合性博物馆。

常设展览有：“墨韵雍阳——书画藏品展”，展出天津市书画名家精品展、鲜于璜碑全国书法名家作品邀请展、大运河书画院七省市巡回展作品及武清区书画晋京展中的精品；“武清历史沿革展”展示各个历史时期出土的陶器、铜器、瓷器等 300 余件；“漆木古风——可乐马古典家具博物馆藏品展”展出收藏家马可乐珍藏的床榻、箱柜、椅凳、桌案等百余件明清漆木家具；“旧貌新颜——撤村建居成果展”通过对民居、瓜棚等场景的复原和当时生产生活用具的展示，以及新旧小区的对比，全面展示了武清撤村建居以来的成果；“佛首还乡——海峡两岸文化交流展”展出佛首及佛像 32 尊。

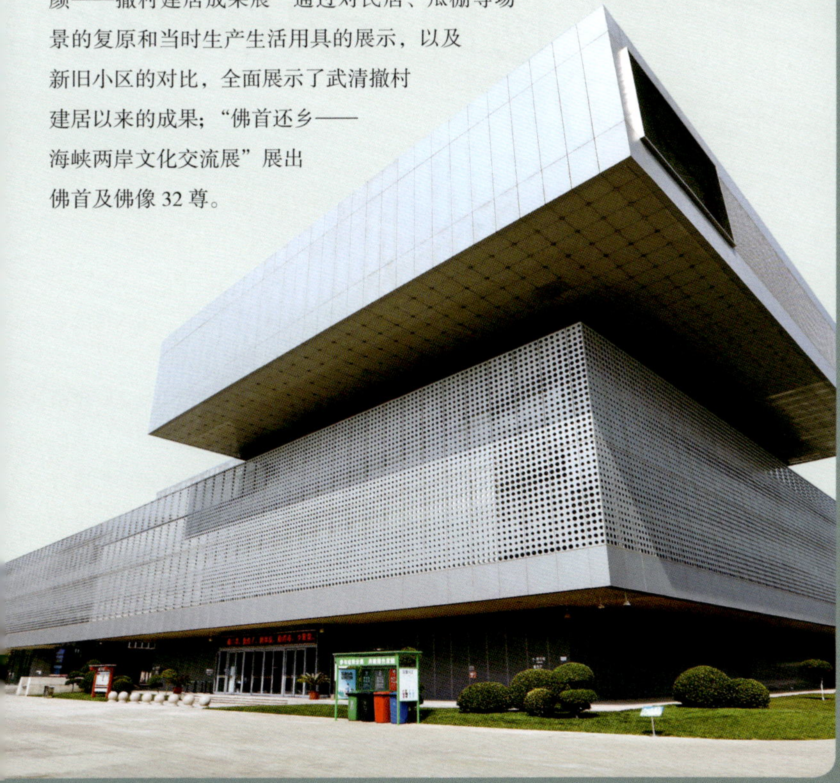

171 杨柳青民俗文化馆

年画中看杨柳青

地址：天津市西青区杨柳青镇柳口路与尊美街交叉口往南约 100 米

杨柳青民俗文化馆展示了古镇的运河、大院、年画、民俗等，馆内传统艺术与现代科技相结合，观众可亲身体验昔日的市井文化和民俗风情。

展馆共六个展区，分别为“运河通航，年画起源柳口”“商业发达，年画描绘繁荣”“乡淀富足，年画祈福民生”“赶大营商，丝路百艺进疆”“戏曲艺术，古镇民情百态”“非遗传承，魅力无穷”，介绍了杨柳青年画的形成与发展，展示了在杨柳青木版年画中表现的本地特有的民间生产生活习俗。整个展览以年画为线索，介绍杨柳青的岁时节俗、渔猎农耕、生活百态、婚丧嫁娶、民间信仰、建筑风俗（包括砖雕、门楼）、商业买卖等，原汁原味地表现了旧时杨柳青的风貌。观众也可从中看出杨柳青年画题材丰富、贴近生活的特点。

172 天津大剧院

“大贝壳”含“珍珠”

地址：天津市河西区平江道 58 号

天津大剧院，天津最大的、具有现代化功能的演出场所。

大剧院位于天津文化中心园区内。园区中心是一片宽阔的湖面。大剧院半圆形的巨大屋盖朝向湖面升起，宛如一只张开的贝壳。歌剧厅、音乐厅和小剧场三个主要艺术场馆，仿佛贝壳中璀璨的珍珠，面向水面分布，隐喻了大剧院与这座海滨城市的关系。

歌剧厅有 1600 个座位，舞台按照国际标准布置；音乐厅的设计灵感来源于葡萄园中的梯田，1200 个座位环绕中央乐队演奏台布置，观众可从不同角度欣赏演出；有 400 个座位的小剧场用途灵活，液压的舞台机械可实现前舞台、岛式舞台或用于时装秀的 T 型台等各种类型的舞台布置。

剧场都设有玻璃门厅，可让人们远眺湖景。

173 天津音乐厅

音响效果世界一流

地址：天津市和平区建设路 88 号

天津音乐厅，始建于1922年，原为平安电影院，是当时天津最豪华的电影院，楼上楼下设有包厢，有座位1000多个。1929年底，在这里放映的《歌舞升平》是在天津放映的第一部有声片。

1956年，平安电影院更名为“天津音乐厅”。1985年再次进行改造，将原有舞台扩大，使其能够容纳百人的大型交响乐队。2005年因地铁建设被拆除，后在原址重建。

新音乐厅于2009年8月28日建成开幕。从外观看，新音乐厅是白色欧式建筑，独特的穹顶和精美的局部雕花别具一格。其厅内结构按照声波原理设计，音响效果极佳，堪称世界一流。乐队在演奏时无须扩音设备，就可以使观众听到清晰、美妙的音乐。观看区域的坡面设计，使观众无论坐在哪个位置，都能无遮挡清晰地看到台上的表演。

174 光明电影院

“国片之宫”连映百天满座

地址：天津市和平区滨江道 143 号

电影，1896 年（清光绪二十二年）传入中国，最早被译为“西洋影戏”“电光影戏”或“活动电光影戏”。它第一次被称作“电影”，是在 1905 年 6 月 16 日的天津《大公报》的一则广告中，之后便逐渐被叫响了。

1906 年 12 月 8 日，美国电影商人来津，租用权仙茶园（今滨江道与吉林路交口处）连续放映影片。1907 年 1 月 8 日，权仙茶园改称为“权仙电影园”。有研究者认为，这是中国人经营的第一家电影院。

老电影院津城不少，建于 1919 年的光明电影院，就是一家至今仍在营业的老影院。它最初叫“光明社”，做影片二轮放映，1929 年迁址到劝业场对面，也就是如今的院址，其规模宏大，富丽堂皇，很快成为专映头轮影片的剧场。当时因《姊妹花》《渔光曲》等国产片均在该院连映百天满座，因此影院有了“国片之宫”的美誉。

光明电影院现在仍是天津富于特色的影院之一。

175 天津图书大厦

书墨飘香的海洋

地址：天津市河西区大沽南路 362 号

天津图书大厦是集图书、音像、教育、文化、体验、休闲于一体的智能化大型卖场，每年组织开展各种阅读体验活动两百余场次，承办“书香天津·春季书展”“青少年读书节”等重要的阅读活动。

图书大厦卖场共分为七层，首层主营主题出版物、社科类图书；二层为智能生活馆，主营生活类图书；三层是少儿馆，主营低幼、儿童图书；四层经营法律、经管、地理地图等图书，同时专营三希堂藏书、文创产品；五层经营科技、医学类图书及中小学教辅、教育类书籍；六层主营文学、艺术类与原版图书，开设艺术画廊，举办书画展览；七层主营英语类及音像制品，设读者阅读区。

天津图书大厦官方网站——天添网（www.tjbb.com）是集图书、音像制品、文创产品于一体的综合性网站，天添网手机端、小程序也为读者提供了多平台、多载体的购书渠道。

合家樂安
福

拾

多彩生活

176 过大年

腊八过到正月十六的节日

天津人讲究“应时到节”，尤看重春节，即过年。

早先时过年，喝过腊八粥后，人们就开始采购年货了。到“腊月十五（年货）上全街”，人们就都会涌出去买布料、鞋帽、窗花等过年用品了。

接着年味越来越浓，腊月二十三至二十九要分别送灶王爷上天、扫房子、糊窗户、贴年画、炖大肉、宰公鸡、白面发、贴“倒有”，直到迎来过年的高潮——送旧迎新的除夕，合家欢乐吃年夜饭，彻夜不眠“守岁”。

大年初一“祭祖”后，就是拜年了，直到初三。初二还是天津的“姑爷节”：丈夫随着媳妇去娘家。吃也有讲究：“初一的饺子，初二的面，初三的合子往家转。”初五谓“破五”，可以说是年的高潮的结束。正月十五是灯节，晚上连“大门不出，二门不迈”的家庭妇女也可外出看灯。正月十六更可去逛大街“遛百病”。至此方可说是“年也过了，节也跑了”。

随着时代的发展，过年的内容总有变化，但过年的心气仍旧热烈。

葛沽，地处海河南岸，自古就是天津著名的水陆码头，因此其民风、民俗有明显的漕运文化色彩，最早的娘娘庙就紧邻码头。

明永乐年间过年时，葛沽的人们抬着放有海神娘娘妈祖塑像的官轿沿街观灯；后又将轿改为辇，过年时节把各庙的神像抬出来出巡散福，渐渐形成了葛沽宝辇跑落形式，并兴盛于清乾隆年间，到民国时期形成八座宝辇的格局。

宝辇会会规缜密，曲仪考究，气势恢宏，场面壮观。宝辇花会每年正月初六至十六期间举行，最后一天规模最大，要举行接驾仪式，每座宝辇中供奉一位娘娘。娘娘有的是泥塑像，有的是木神像，每一位娘娘都手捧玉圭，凤冠霞帔，服装颜色以红、黄为主。

宝辇的绝活是跑落表演时，辇夫抬轿辇，手不能扶轿辇，平均每人负重百斤，不能溜肩。其舞蹈特点突出在“跑”上，要求稳如泰山，上下不颠簸，左右不摇摆，前后不晃动，速度如疾风。

177 葛沽宝辇会

抬辇不扶 跑出绝活

地址：天津市津南区葛沽镇

178

元宵看灯品民俗

杨柳青正月十五灯会

地址：天津市西青区杨柳青镇
（杨柳青广场、新华路、柳口路等）

每年的正月十五，在杨柳青这个以传统年画著名的古镇，都会举办花灯展。

每年的大型灯展，都是人山人海，摩肩接踵。很多市民拿着手机拍照留念，还有市民干脆用手机给远方的亲朋好友进行现场直播。古镇以传统年画闻名，在现场能看到经典的寓意“连年有余”的“娃娃抱鱼”等很多年画题材的花灯。

每年从正月十四起，各地游客也会慕名前来，穿行于流光溢彩的灯棚长廊间赏花灯、闹元宵。一组长23米、高9米的灯群，格外好看，上面有大院、运河、民俗、赶大营和年画等元素，巧妙地把地域和民俗特色融合在一起。

元宵节期间，杨柳青的道路旁和运河边，年画灯、夜景灯如诗如画，人流如织。尤其是正月十六，民间有“遛百病”的习俗，吸引京津冀市民纷纷来到杨柳青看花灯，品民俗，呈现出一片祥和喜庆的景象。

178

179 狗不理包子

包子名来自人的乳名

地址：天津市和平区山东路 77 号（总店）

外地人一提到天津的吃食，往往会想到狗不理包子。店名由来的故事流传百年，几乎人人耳熟能详。

清咸丰年间，有个乳名叫“狗不理”的年轻人，在南运河边卖包子。他做的包子口感柔软、鲜香不腻、形似菊花，色香味都独具特色，因此生意兴隆。于是，“狗不理包子铺”就叫响了。

梁实秋在美食名著《雅舍谈吃》中趣谈吃狗不理包子，咬开刚出笼的包子，里面的热汁溢到手上，一举手顺着胳膊流到后背。接着幽默地说：“天津包子确是汤汁多，吃的时候要小心，不烫到自己脊背，至少可以溅到同桌食客的脸上。”

狗不理包子除了馅里富含汤汁，用半发面做包子皮也是其一大特色。据说这样兼顾了美味和解饱的包子，更适合运河边干重体力活的人当“好饭”吃。

179

狗不理包子的制作技艺现为国家级非物质文化遗产。

180 耳朵眼炸糕

胡同名成了美食代称

地址：全市各网点

1892 年（清光绪十八年），曾在街头卖炸糕的刘万春，在北门外因细窄而得名的“耳朵眼胡同”旁，开了间炸糕铺，牌匾虽写着“增盛成”，叫出了名的却是“耳朵眼”，且百年间成了美食炸糕的代称、闻名全国的品牌。

耳朵眼炸糕的传统做法：最初是选用上等黏黄米水磨发酵，后改用白江米；优质红小豆煮得稀烂，用铜丝罗“搓沙”去皮，再用红糖汁炒制成沙馅；江米面和得要稀，热油炸时还不能露馅；炸糕下锅先用温油，后用旺火炸透，再用香油轻炸。炸出的糕，黄白黑三色分明，金黄的外表，白色的里层江米面，黑的豆沙馅，吃起来外焦里嫩，有嚼头又不粘牙。

耳朵眼炸糕还有个儿大、发得圆的特点。当年炸糕店附近北大关、估衣街一带的商家店伙，爱其“高（糕）发”，每逢九九重阳或有喜庆事，都会提前订购。

180

游客来天津，回程捎带的特色礼品，多是“桂发祥十八街麻花”。

油炸麻花为天津人喜爱，全市有不少卖家。1927年，桂发祥为了在竞争中取胜，反复试制，用一套别出心裁的制作工艺炸出的麻花，独具风味，令人一尝难忘，被食客推上了麻花的顶尖。它还首创在坯料的面条中间，夹进一条有桃仁、桂花、青红丝等什锦配料的馅体，而且个头也比一般麻花大得多，又因店铺在东楼十八街，天津人称之为“十八街大麻花”。其总店更炸制出一个长1.556米、重24.98千克的特大麻花，创了吉尼斯世界纪录。

麻花的口感，最差的是艮，较好的是脆，最高级的是酥脆。十八街麻花把做“坯”用的含油死面，改成半发面，炸出来不光脆，更突出的是酥。难得的是，在没有真空包装的年代，把它放在干燥处，三个月都能保持酥脆如初。

桂发祥十八街麻花的制作技艺现为国家级非物质文化遗产。

181 十八街麻花

放三个月仍酥脆如初

地址：天津市河西区洞庭路32号（天津桂发祥十八街麻花文化体验馆）

182 煎饼馃子

“圆如银月”裹“棒槌”

煎饼馃子，可说是具天津地方个性魅力的名吃。相传当年出于运河码头劳作者的需要而诞生，且是用大饼卷着吃的方便可口的快餐。如今它已远走国内外的许多地方。

古人把精加工的面点叫“果子”，这样称呼油条，唯天津如此，并按其形象，俗称“棒槌馃子”。“果”要加“食”旁，好区别于鲜果。

煎饼，有说从山东传来。蒲松龄所写《煎饼赋并序》中说：“合米豆为之……圆如望月，大如铜钲，薄似剡溪之纸，色似黄鹤之翎。”与天津的一样。“米豆”指小米面和绿豆面，天津的也是混合面的。

葱、酱也是山东口味的，天津的改用甜面酱。

煎饼馃子也在发展，原料从混合面改为绿豆面；油条多改成天津特有的、香脆可口的“果箅”；过去有钱人才添加的鸡蛋，现在也成了“标配”。

182

183 嘎巴菜

叫菜不是菜　全国独一份

包子、麻花、炸糕老“三绝”，各地都有，不过天津的特色突出，成了同类小吃的代表。而天津地方特色更为突出的，除了煎饼馃子，还有“嘎巴菜”。

煎饼馃子和嘎巴菜都是煎饼家族的成员，不过一个是用整煎饼卷，一个用切碎的煎饼烩，原料用的都是绿豆。

做嘎巴菜基本不用蔬菜，撒上点儿香菜纯为提味，为了气味强烈，还要加虾米末和多种香料，调煮成卤汁。摊的煎饼比卷馃子用的大多了，要好吃须摊得薄，还要不软不硬，然后切成柳叶条形状备用。大卤锅底下不断火，卖时往锅边放一把煎饼，稍微搅一下就连卤盛到碗里，淋上腐乳汁、芝麻酱、辣子等作料，就可食用了。

爱吃这一口的，吃时要把淡大饼撕成片，泡到碗里。这是因为嘎巴菜口味咸，必须就着“干的”吃。

183

184 南市食品街

吃遍天下食　尽在方城中

地址：天津市和平区慎益大街与荣业大街交叉口

南市食品街，其实是座方城。四门大开，南为“振羽”，西称“兴歌”，北叫“中圣”，东名“华腴”，含义是“振羽迎宾”“兴歌起舞”“中圣醉酒”“华腴美味”，四句话首字合起来是“振兴中华”。

食品街占地面积为 2 万余平方米，建筑面积为 4 万余平方米，是国内规模最大的餐饮集中地之一，餐厅、饭店、食品店等近百家云集于此。

天津本是水陆码头，居民五方杂处，食品百味纷呈。这里总揽了天津的新老字号，不仅包容了川、鲁、徽、粤等各大菜系，还有自成流派的天津风味菜、山西风味菜、清真菜等，以及上百种天津地方风味小吃和千余种全国各地名特优新食品。

食品街每年要接待上千万人次的客人。来自祖国各地的游客，能在这里找到家乡风味；来自世界各方的朋友，在这里尽可品尝中国各式各样的美食美味。这里还是迎婚嫁娶时亲朋好友集聚庆贺的场所、孩子们过生日的乐园。

185 起士林餐厅

百年西餐老字号

地址：天津市和平区浙江路 33 号

“起士林”是天津著名西餐厅，不少外地人都知道这个老字号。据说，其创始人阿尔伯特曾是德皇威廉二世的御厨。1901 年（清光绪二十七年）他靠袁世凯的赏金在旧法租界开设了天津第一家西餐厅，还自制精美的糖果面包，后因承包津浦铁路餐车面点，大发其财。1908 年（光绪三十四年），店面迁至旧德租界威廉路（今解放南路）上，店名改为“起士林”，生意愈发火爆。

当年，来自哈尔滨的义顺和糖果公司，在俄国人聚居的小白楼地区也开设了西餐厅，以正宗俄式大菜与一街之隔的起士林“打擂”，如今的起士林大楼正是该公司的股东们集资建起的四层豪华酒店，当时取名“维格多利”，意即“胜利”。

20 世纪 50 年代，起士林接办维格多利酒店，改称起士林餐厅，一直经营西餐至今。

186 正兴德茶庄

百年茗香飘中外

地址：天津市和平区和平路 253 号（总店）

正兴德茶庄的创办人穆文英在 1738 年（清乾隆三年）欲办茶庄时，正值他常去买茶的竹竿巷一家茶叶店，因业务不景气准备盘出，于是穆家把其接兑过来，改名为“正兴号”，1857 年（清咸丰七年）又更名为“正兴德”。

1926 年，正兴德茶庄在旧法租界繁华地段开设分店。1935 年又在东北角开设第二支店，后成为总店。后又在北京、福州、沧州、泊镇等地设分店，买卖兴隆，销路远及“三北”。1928 年，正兴德茶庄的“绿竹”茶叶，在国货展览会上获优质奖章，1934 年又获超等奖，并参加美国芝加哥百年竞进展览会，名扬中外。

如今，传承百年经营特色的正兴德，在福建建立了茉莉花茶生产基地，并直接采选中国各大茶区的优质名茶，为大家备下各色香茗。

187 桂顺斋

喜得千金　有了店名

地址：天津市和平区和平路 101 号

桂顺斋的清真食品有酥、松、绵、软、甜、鲜、香、亮诸多特色，饮誉津京。

20 世纪 20 年代初，北京通州城“大顺斋”火烧铺老板刘星泉，为了生计来到天津，先是在电车上卖票，因挣钱不多，又干起了老本行。1924 年在南市买了个门脸，经营小吃。那年他喜得千金，起名“淑桂”，欣喜之时，用“桂”字加上大顺斋的后两字，给店铺起名“桂顺斋”。

当时，京式糕点在天津还是空白，1934 年店里从北京请了数位有名的糕点技师，结合天津特点推出京八件、麻圆酥和细八件等清真糕点。由于选料地道，制作精细，风味突出，货真价实，而一炮打响。当时京剧大师马连良、相声大师马三立等都是桂顺斋的常客。

如今，桂顺斋种类齐全的特色糕点仍备受大家喜爱。

187

188 南开大悦城

新兴商圈新体验

地址：天津市南开区南门外大街 2 号

南开大悦城是天津耀眼的新兴商圈，尤其吸引中青年人，每日数十万人的脚步涌动此间。

南开大悦城有 500 米沿街展示面、500 米长室内步行街、150 米长街区。购物中心主体部分 4 层，局部 5 层。16 米艺术连廊连接了北端的时尚潮流馆和南端的青春活力馆。500 多个

各不相同的店铺使其成为融购物、餐饮、休闲、娱乐于一体的一站式购物中心。

这里还有电影院、大型真冰场、欢乐主题 KTV、儿童职业体验店、亲子游乐馆、精品超市等。国际品牌主力店的进驻，国际化商业街区规划理念的融入，使之成为天津乃至华北地区的时尚潮流聚集地、流行资讯发布地。

189 沈阳道古物市场

收藏热让这里“升温”

地址：天津市和平区山东路与沈阳道交叉口

沈阳道古物市场，始建于1987年，原为街道组织的旧物交换市场，后逐步发展为古物交易场所，是国内最早的古物市场之一，在海内外收藏界有较高知名度。

市场内有121个店铺和300多个棚亭、地摊。店铺均为仿古装饰，古典文雅。从古陶瓷、明清家具、古籍善本、文房四宝，到金、银、铜、铁、木、竹、玉等各类工艺品，大小新旧货色齐全。场内可交换，可议价，既出售，又收购。

按照多年形成的惯例，每个星期四，从早上五点开始，全国各地的古物收藏爱好者，就开始来此淘宝。老旧而狭窄的街道，即便在隆冬腊月都能被玩家们挤出腾腾热气。

189

近年来的收藏热，把沈阳道的“热度”也辐射到周边的几条街道，使之亦成为古玩商贩云集之地。目前，鼓楼、杨柳青镇等处也有古玩市场。

大神堂村建于明永乐年间，几百年来，村民们依靠海边的“神港”进行着传统的打鱼作业，延续着传统的渔家生活和渔村风俗，是天津150多千米海岸线上最后的一座渔村。

大神堂村地处天津的最东边，每天清晨，“天际霞光入水中，水中天际一片红”，这里是天津最早看到日出的地方。

大神堂位于国家级海洋特别保护区内，是渤海湾唯一的牡蛎和栉孔扇贝栖息地，拥有迄今发现的我国纬度最高的现代活体牡蛎礁。这里的海岸线还是全球八条鸟类迁徙路线中往返大洋洲与北极圈的迁徙路线上的重要补给站，每年有遗鸥、红腹滨鹬、黑嘴鸥等百余种珍稀鸟类在此驻扎停留，是近距离观察鸟类的好去处。

如今，在这个原生态渔村，人们可以看海上日出，观候鸟迁徙，赶海拾贝，乘坐渔船出海打鱼，在渔船上品渔家饭，收渔获，体验地地道道的渔家生活。

190 大神堂村

天津最早看到日出的地方

地址：天津市滨海新区汉沽汉南支线

191 潮白河国家湿地公园

一河、两岸、三区、二十八景

地址：天津市宝坻区望月路

潮白河是海河水系五大河流之一，流经北京、河北和天津三省市。潮白河国家湿地公园主要包含宝坻境内的潮白河、洵河、青龙湾河和潮白河黄庄洼分洪区等区域。2015 年，对湿地公园城区段进行保护建设，全长 15 千米。

湿地公园内湿地类型多样，生物丰富，形成了“一河、两岸、三区、二十八景”：以潮白河为主轴，以两岸生态廊道为绿脉，打造湿地体验、滨水游憩、空中游景等景观空间，包含晨曦津渡、海棠香径、闲鹤云亭、芦花撷趣、渔湾寻歌、

蒲风惊鹭、栖霞唤雁、红瑞荷香、赤鲤竞洄等二十八景。

湿地公园有野生植物114种，野生动物286种，其中国家级保护鸟类17种。近年来，这里已成为鹭鸟栖息繁殖的乐园。迁徙季节，数万雁鸭类、鸥类水鸟来此停歇，场面蔚为壮观。

191

192 东疆湾沙滩

天蓝水碧　看海玩沙

地址：天津市东疆保税港区观澜路

东疆湾沙滩景区是由大海、沙滩组成的浪漫海岸线。东疆湾人造沙滩南北长约 2 千米、宽 165 米，总面积约 2.46 平方千米，设有沙滩亲水区、沙滩游泳休闲区、水上运动休闲中心和水上休闲娱乐区。

这里有柔软的金黄色沙滩和丰富多彩的水上项目、玩沙项目，其中有快艇、摩托艇、海上飞伞、滑水、沙滩摩托、帆船、桨板、冲锋舟、沙滩足球、沙滩排球、沙滩木球、沙滩拓展训练以及各类演出活动等。天津人夏天看海玩沙不用再去外地，在家门口就可以了。

2017 年，第十三届全运会帆船、沙滩排球比赛在东疆湾沙滩举行，这里还承办过国际摩托艇邀请赛等体育赛事。

193 热带植物观光园

“北方的西双版纳”

地址：天津市西青区中北镇外环西路 7 号桥北 300 米

热带植物观光园坐落于中国“晚香玉之乡”——曹庄花卉植物园内。热带植物观光园堪称亚洲最大的室内植物园。园内种植了热带、亚热带植物数千种、数十万株。蒲葵、大王椰子、华盛顿棕榈等棕榈科植物郁郁葱葱，尤以加拿利海枣、龙血树等最为珍稀。观光园利用现代温室技术在北方营造热带气候，展现雨林景观，冬暖夏凉，四季如春，被人们称为“北方的西双版纳”。

观光园附近还有运河冰雕乐园，一展厅展出哈尔滨冰雕精品、运河主题冰雕及企鹅家园，彩灯、冰雕、浮雕及来自南极的白眉企鹅，让这里富于艺术性和趣味性。二展厅可称为冰上乐园，这里有各种卡通造型、大小不一的冰滑道、冰滑梯和小型溜冰场，可让人体会把冰玩雪的乐趣。

194 海昌极地海洋公园

到“鲸鱼”肚中畅游

地址：天津市滨海新区响螺湾中心商务区 61 号

海昌极地海洋公园建筑外观造型酷似畅游的鲸鱼。公园由南极企鹅岛、神秘北极村、海底隧道、远古海洋、鲨鱼港湾、珊瑚海、白鲸湾、柳穿鱼巷、海草堂、奇趣鱼馆（含虾兵蟹将府）、未来水母馆 11 个展区组成，让人身临其境地感受极地的原始风貌。

园内有白鲸、海豚、北极熊、企鹅、北极狐、北极狼、海象、海狮等南北极地海洋动物，三万余条海洋鱼类在此畅游。

踏入欢乐剧场就会被淡淡的海水味吸引，在这里可以欣赏动物的表演，还有机会与它们进行一次零距离的亲密接触。在海洋动物展区内，各种极地稀有动物也会纷纷和参观者亲切地打招呼。

195 蓟州国际滑雪旅游度假中心

滑雪飞行畅身心

地址：天津市蓟州区罗庄子镇洪水庄村西

蓟州国际滑雪旅游度假中心，地处燕山山脉，景区四面环山，环境优美，空气清新。这里是可以健身娱乐的综合性四季生态景区。

这个规模较大的滑雪中心，引进和装备了进口造雪机、轧雪车、安全舒适的魔毯、滑雪索道、雪地摩托、全新大头滑雪板和滑雪鞋；设有高级、中级、初级滑雪道及老少皆宜的戏雪区。其中，中级环形雪道、S形安全舒适的滑冰道是滑雪界的亮点。

景区还推出了诱人赏花节、硕果采摘等项目，设置了激情环形跑马场和沙滩摩托赛区、高尔夫球练习场、民族风情的蒙古族营寨、生态安居环保木屋、森林拓展等区域。这里还有宽敞明亮的雪具大厅、餐厅、棋牌室等。

196 天津泰达航母主题公园

航空母舰上演“惊险大片”

地址：天津市滨海新区汉北路 269 号

天津泰达航母主题公园，是以“基辅号”航母为核心的大型军事主题公园。

主题公园相继打造了实景海战剧、飞车特技、花车巡游及俄罗斯风情游等项目。2017年，又引入退役驱逐舰、潜艇、护卫艇，呈现“航母编队”的雄姿和气势。

《航母风暴》是世界首部以真实航母为表演背景的大型实景海战表演剧。风扇机船、海豚潜水艇、橡皮艇、水上飞行器等先进道具在“激战”中悉数亮相。演出中，跳水、速降、穿越火海等一系列高难度特技，让人叹为观止，整场演出堪比“国际大片”。

《飞车特技》则讲述一段发生在天津五大道街区的扣人心弦的夺宝故事。车辆漂移、两轮侧行、建筑物极速穿越、车体断裂、摩托车翻滚……来自各国的专业飞车手，用这些高难度的飞车特技，演绎了这一惊险历程。

196

197 天津欢乐谷

趣味冒险　视听享受

地址：天津市东丽区东丽湖旅游度假区迎乐路 1 号

天津欢乐谷由演艺中心、欢乐时光、维京海港、圣诞村四大主题游乐区组合而成。

这里拥有 30 余个趣味冒险游乐设施，以及 50 余个缤纷多彩、具有异域风情的主题景观，其中包含以高新技术打造的火山探险与俯冲点超高的室内激流勇进组合，高达 70 米的圣诞塔与鬼屋创新组合——3D 圣诞历险记与灵异古堡，全新超炫酷过山车——愤怒的小鸟，单轨超长的木质过山车——峡湾飞龙。

在这里，青蛙跳、欢乐星球大战、童趣堡、蹦客地带、昆虫大战等游乐设施更会让大家开心不已。

除了欢乐多样的游乐设施外，“津秀”“津门英雄之霍元甲”“欢乐大巡游”“地中海灯光秀”等精彩纷呈的主题表演，也会为大家带来耳目一新的视听享受。

198 天津方特欢乐世界

神奇梦幻高科技乐园

地址：天津市滨海新区中新生态城中生大道 4888 号

方特欢乐世界是京津冀地区第四代高科技主题乐园，以科幻和互动体验为特色，有“东方梦幻乐园”的美誉。

方特欢乐世界由飞越极限、魔法城堡、熊出没历险、蓝色地球、东方神韵、海螺湾、唐古拉雪山、津门大峡谷等 27 个主题区组成，涉及游乐、休闲及景观项目 200 多个。

在这里，“飞越极限”带你体验高空飞翔的感觉，“魔法城堡”里有动感魔幻的表演，还有动感卡通射击游戏“熊出没历险”、悬挂式过山车“火流星”、大型雪山探险模拟项目“唐古拉雪山”、色彩斑斓的 4D 剧场项目“海螺湾”、妙趣诙谐的卡通表演“熊出没舞台”……每一个都充满神奇色彩，让人有震撼的玩乐体验。

199 天山海世界·米立方

戏水乐园欢乐多

地址：天津市津南区小站镇天山路

天山海世界·米立方为室内四季恒温的全民健身主题戏水乐园，集惊险、刺激、动感、娱乐、休闲于一体。有惊无险的水上滑道，24种不同类型的海浪，500米长的漂流河，以及阳光沙滩、海浪仙人掌、玛雅城堡、海盗船等等，共同构成了一幅辽阔壮观的南国风情画卷。

儿童可在这里尽情嬉戏，沉船寻宝、水上独木桥、儿童海战区及水枪、水炮、水蘑菇等等，都能让孩子们释放童趣。

在这里，您可以变身为在加勒比海叱咤风云的杰克船长，操纵各类水枪水炮；可以体验玛雅人创造的雄伟宫殿；可以沿着漂流河穿越神秘的山洞、瀑布、峡谷、丛林，展开一场心灵的冒险；可以回归童年的欢乐，忘却烦恼，尽情嬉戏，找到一份属于自己的快乐。

199

200

从零件到成品的蜕变

地址：天津市空港经济区西九道2号

空客 A320 系列飞机天津总装线

空客 A320 系列飞机天津总装线于 2008 年投产，是空客公司继法国图卢兹和德国汉堡之后的第三条空中客车单通道飞机总装线。

总装线的第一站是大部件库，这里存放着从世界各地运来的飞机部件；总装车间最为重要，在这里会完成机身、机翼、起落架等飞机部件的组装，还有消防设备、机舱内饰、电路等设施的安装；每架“毛坯绿皮机”都会来涂装车间

进行喷漆，披上各个航空公司的美丽衣裳；在后装配机库要为飞机安装发动机，再对其进行最后的检查，这样一架完整漂亮的新飞机就完成啦！

最后，飞机交给交付中心，进行地面测试、发动机测试以及飞行测试，待所有测试均达标后便可移交到客户手中，一架飞机就能开始接受客运任务了。

图书在版编目（CIP）数据

天津文化地图 ：热爱我求学的城市 / 冯骥才主编 ；天津大学冯骥才文学艺术研究院编制. -- 天津 ：天津大学出版社，2021.6（2023.5 重印）
ISBN 978-7-5618-6955-0

Ⅰ. ①天… Ⅱ. ①冯… ②天… Ⅲ. ①景点—介绍—天津 Ⅳ. ①K928.702.1

中国版本图书馆 CIP 数据核字（2021）第 097312 号

TIANJIN WENHUA DITU: RE'AI WO QIUXUE DE CHENGSHI

策划编辑 田 菁
责任编辑 徐 阳 董 微
装帧设计 天津市木东设计有限公司
数字编辑 王 硉 赵向鑫 刘博超
出版发行 天津大学出版社
地 址 天津市卫津路 92 号天津大学内（邮编：300072）
电 话 发行部：022-27403647
网 址 www.tjupress.com.cn
印 刷 北京雅昌艺术印刷有限公司
经 销 全国各地新华书店
开 本 889mm×1194mm 1/32
印 张 8.125
字 数 120 千
版 次 2021 年 6 月第 1 版
印 次 2023 年 5 月第 3 次
定 价 80.00 元

审 图 号 津 S（2021）006